विद्यार्थी जीवन में मानसिक विकास एवं शारीरिक स्वास्थ्य

विद्यार्थी के शारीरिक एवं मानसिक विकास हेतु जरूरी टिप्स

प्रकाशचंद्र गंगराड़े

वी एण्ड एस पब्लिशर्स

प्रकाशक

F-2/16, अंसारी रोड, दरियागंज, नई दिल्ली-110002
☎ 23240026, 23240027 • *फैक्स:* 011-23240028
E-mail: info@vspublishers.com • *Website:* www.vspublishers.com

क्षेत्रीय कार्यालय : हैदराबाद
5-1-707/1, ब्रिज भवन (सेन्ट्रल बैंक ऑफ इण्डिया लेन के पास)
बैंक स्ट्रीट, कोटी, हैदराबाद-500 095
☎ 040-24737290
E-mail: vspublishershyd@gmail.com

शाखा : मुम्बई
जयवंत इंडस्ट्रिअल इस्टेट, 2nd फ्लोर - 222,
तारदेव रोड अपोजिट सोबो सेन्ट्रल मॉल, मुम्बई - 400 034
☎ 022-23510736
E-mail: vspublishersmum@gmail.com

फ़ॉलो करें:

हमारी सभी पुस्तकें **www.vspublishers.com** पर उपलब्ध हैं

© कॉपीराइट: वी एण्ड एस *पब्लिशर्स*
संस्करण: 2017

भारतीय कॉपीराइट एक्ट के अन्तर्गत इस पुस्तक के तथा इसमें समाहित सारी सामग्री (रेखा व छायाचित्रों सहित) के सर्वाधिकार प्रकाशक के पास सुरक्षित हैं। इसलिए कोई भी सज्जन इस पुस्तक का नाम, टाइटल डिजाइन, अन्दर का मैटर व चित्र आदि आंशिक या पूर्ण रूप से तोड़-मरोड़ कर एवं किसी भी भाषा में छापने व प्रकाशित करने का साहस न करें, अन्यथा कानूनी तौर पर वे हर्जे-खर्चे व हानि के जिम्मेदार होंगे।

प्रकाशकीय

'वी एण्ड एस पब्लिशर्स' पिछले अनेक वर्षों से जनहित की पुस्तकें प्रकाशित करते आ रहे हैं। पुस्तक प्रकाशन की नवीन श्रृंखला में इस बार हमने **'विद्यार्थी जीवन में मानसिक विकास एवं शारीरिक स्वास्थ्य'** पुस्तक प्रकाशित किया है।

वर्तमान युग में शिक्षा का स्तर काफी बढ़ गया है। प्रत्येक परीक्षा या प्रतिस्पर्धा में उनका चयन मेरिट के आधार पर किया जाता है, परन्तु मेरिट में आने के लिए छात्रों के मानसिक एवं शारीरिक स्वास्थ्य का स्तर बेहतर होना आवश्यक है। प्रस्तुत पुस्तक में छात्रों के मानसिक विकास, शारीरिक स्वास्थ्य तथा स्मरणशक्ति को विकसित करने हेतु कई महत्त्वपूर्ण तकनीक के ऊपर प्रकाश डाला गया है। कोई भी छात्र या प्रतियोगिता परीक्षा में भाग ले रहे प्रतिभागी इस पुस्तक में बताई गई तकनीक को अपनाकर अपने मानसिक, शारीरिक एवं स्मरणशक्ति को विकसित सकता है। हमेशा की तरह इस बार भी सम्पूर्ण पुस्तक की भाषा आसान एवं सहज है।

हम आशा करते हैं कि प्रस्तुत पुस्तक सभी छात्र छात्राओं एवं किसी भी प्रकार कि प्रतियोगता परीक्षा में भाग ले रहे प्रतिभागियों को अवश्य लाभान्वित करेगी। सभी छात्रों से अनुरोध है कि वे पुस्तक में पायी गई किसी भी त्रुटि या अपने किसी बहुमूल्य सुझाव के लिए हमें हमारे ऑफिस के पते अथवा ईमेल पर संपर्क करें। हमें आपके सुझावों का बेसब्री से इंतजार रहेगा।

– प्रकाशक

ये खुश लोग कौन हैं? ये ही तो वो लोग हैं, जिन्होंने अपनी कड़ी मेहनत और लगन से परीक्षाओं में फर्स्ट क्लास के अंक पाए हैं, जो अपनी प्रतिभा को निखारकर परीक्षा की मेरिट लिस्ट में आए हैं। कल इन्होंने कड़ी मेहनत की थी, आज सफलता इनके कदम चूम रही है। कल इन्होंने समय की इज्जत की थी, आज समय इनकी इज्जत कर रहा है। अब न इन्हें किसी सोर्स या सिफारिश की जरूरत है, न किसी के सामने गिड़गिड़ाने की। कड़ी मेहनत से मेरिट लिस्ट में आकर इन्होंने वह योग्यता पा ली है कि अब चाहे स्थान कितने भी कम क्यों न हों, इनकी सफलता निश्चित है।

लेखक की कलम से...

अंदर के पृष्ठों में

खंड एक - अध्ययन

आत्मविश्वास बढ़ाएं 9
दृढ़ इच्छा शक्ति से लक्ष्य पाएं 13
एकाग्रता सफलता की कुंजी है 17
मानसिक विकास के 21 टिप्स 21

खंड दो - शारीरिक स्वास्थ्य

ब्रह्मचर्य का पालन करें 35
अपने खान-पान पर ध्यान दें 40
पढ़ाई के दौरान आंखों का ख्याल रखें 45
स्वास्थ्य के नियमों का पालन करें 49

खंड तीन - स्मरण शक्ति बढ़ाएं

याददाश्त बढ़ाना आपके वश में है 55
याददाश्त बढ़ाने की विभिन्न तकनीकें 62

खंड एक
मानसिक विकास

आत्मविश्वास बढ़ाएं

> आत्मविश्वास संसार में विजय प्राप्त करने की कुंजी है। यदि आत्मविश्वास होगा, तो सफलता स्वयं आकर कदमों को चूम लेगी। किसी भी विजेता के विजय का रहस्य उसमें भरा अटूट आत्मविश्वास था। विश्वास विश्व का अद्भुत चमत्कार रहा है। हमारी असफलता का कारण आत्मविश्वास में कमी है।
>
> —*स्वेट मार्डेन*
>
> आत्मविश्वास सरीखा दूसरा मित्र नहीं। आत्मविश्वास ही भावी उन्नति का मूल पाया है। अपने आपकी शुभ शक्ति पर विश्वास ही सफलता की कुंजी है।
>
> —*विवेकानंद*

विवेकानंद कहा करते थे कि बचपन में और कुछ न पढ़ाकर यदि आत्मविश्वास का ही पाठ पढ़ाया जाए, तो वह विद्यार्थी के लिए महान कल्याणकारी होगा। हममें अनंत संभावनाएं निहित हैं, हमारे भीतर स्वयं वह अनंत शक्तिधर ब्रह्म ही छिपा है। लेकिन हममें विश्वास की कमी है, इसीलिए हमारे भीतर का सुप्त शक्तिदेव जागता नहीं है। आत्मविश्वास ही वह रसायन है, जो सोए हुए इस देवता को जगा देता है। विज्ञान के आविष्कार जो कुछ वर्ष पहले असंभव से प्रतीत होते थे, आज सफल होते दिख रहे हैं, यह आत्मविश्वास का ही फल है। विश्व का इतिहास उन इने-गिने लोगों ने रचा, जिनका अपने आपमें अपनी क्षमता में दृढ़ विश्वास था। वे लोग यह मानते थे कि वे महान होने के लिए ही पैदा हुए हैं और इसलिए वे महान बने।

रमेश के मित्र ने पूछा, "क्यों भाई रमेश, तुम्हें हाई स्कूल में सफलता मिलेगी या नहीं?" इस पर रमेश ने कहा, "देखो मित्र, परीक्षा तो दे रहा हूं। अब देखता हूं, क्या होता है? सफलता मिलेगी भी या नहीं, भगवान जाने।" इतना

कहकर वह मुंह लटकाकर बैठ जाता है। यही प्रश्न सुरेश से मित्र ने किया तो उसने जवाब दिया—"सफलता क्यों नहीं मिलेगी? अवश्य मिलेगी। जब परीक्षा की तैयारी में आशा, उत्साह, सच्ची लगन तथा इच्छा-शक्ति की दृढ़ता से वर्ष भर नियमित अध्ययन किया है, तो यह हो ही नहीं सकता है कि अच्छे अंकों से सफलता न मिले।" इस आत्मविश्वास के साथ सुरेश पढ़ाई करके परीक्षा देता है और उसे मेरिट लिस्ट में स्थान पाने में सफलता मिलती है, लेकिन मुंह लटकाए बैठने वाला रमेश, जो सफलता मिलने में संदेह व्यक्त करता है, परीक्षा में असफल हो जाता है।

इसमें कोई संदेह नहीं कि आत्मविश्वास से व्यक्ति को जीवन के हर क्षेत्र में, हर कार्य में पूर्ण सफलता मिलती है। व्यक्ति को यदि यह विश्वास हो कि मैं यह लक्ष्य पा सकता हूं और पाकर ही रहूंगा। इसे पाने के लिए मैं अपनी पूरी शक्ति लगा दूंगा। मुझे इच्छित सफलता अवश्य मिलेगी, तो ऐसे दृढ़ विश्वासी व्यक्ति को सफलता अवश्य मिलती है, लेकिन जिनमें आत्मविश्वास नहीं होता, जो ढुलमुल लक्ष्य रखते हैं, वे जीवन में कभी सफल नहीं होते। तैरने वाला व्यक्ति यदि नदी की बीच धारा में यह विश्वास खो बैठे कि वह नदी पार नहीं कर सकेगा, तो यह निश्चित ही जानिए कि वह डूब जाएगा।

नेपोलियन ने आल्पस पर्वत पार करना दुर्लभ समझते हुए भी अपनी फौज में यह आत्मविश्वास और उत्साह भर दिया कि आल्पस है ही नहीं। इस दृढ़ विश्वास के साथ सारी सेना पर्वत पार कर गई। अर्जुन को युद्ध क्षेत्र में भगवान कृष्ण ने आत्मबल और आत्मविश्वास की ही प्रेरणा दी थी। अर्जुन स्वयं कहने लगे कि वे कायरता से अभिभूत होकर आत्मविश्वास खो बैठे हैं। इस पर भगवान कृष्ण ने कहा कि "हे अर्जुन! तुम्हें यह मानसिक कमजोरी शोभा नहीं देती, हृदय की दुर्बलता को छोड़कर उठो और कर्मरत हो जाओ।" जेम्स एलेन ने कहा है कि जिनके व्यक्तित्व से विश्वास और मस्तिष्क से श्रेष्ठता के भाव टपक रहे होंगे, सफलता उन्हें ही मिलेगी।

आत्मविश्वास के फायदे

आत्मविश्वास की शक्ति से ही विद्यार्थी मेरिट में आने के अपने लक्ष्य को प्राप्त करते हैं। इसके बल से ही योद्धा युद्ध में विजय प्राप्त करते हैं। महापुरुष आत्मविश्वास के सहारे ही महान बने हैं। वैज्ञानिकों ने अपनी खोजों और आविष्कारों में उसी से सफलता पाई है। व्यक्ति की सारी महत्त्वाकांक्षाएं आत्मविश्वास के बल पर ही पूरी होती हैं, डॉक्टर पर आपका विश्वास ही आधी बीमारी दूर कर देता है। साक्षात्कार में आपका आत्मविश्वास ही आपके चयन का कारण बनता

है। सफलता हमारा जन्मसिद्ध अधिकार है और यह हमें प्राप्त होकर ही रहेगा, की प्रेरणा भी आत्मविश्वास से मिलती है। आत्मविश्वास ही हमको जीवंत बनाए रखता है। यही हमें कार्य करने की प्रेरणा देता है और कार्य में सफलता का मार्ग भी दिखाता है। आत्मविश्वास के कारण हमारी शक्ति दोगुनी और योग्यता चौगुनी हो जाती है। आत्मविश्वासी का चेहरा दीप्त रहता है, उसके चेहरे पर एक विशेष प्रकार का तेज झलकता है, वह सिर उठाकर चलता है, आंखों में आंखें डालकर बुलंद स्वर में बात करता है। आत्मविश्वास हमारे मन में उत्साह की उमंगें भर देता है। दुःख और निराशा के समय आत्मविश्वास ही ढाढ़स बंधाता है, सांत्वना देता है और हमारी सुरक्षा करता है।

आत्मविश्वास न होने से नुकसान

आत्मविश्वास खोना ही असफलता है, इसे खोकर परीक्षा में आप कभी भी मेरिट में नहीं आ सकते, इसकी कमी जीवन का सबसे बड़ा अभिशाप है। जिनमें आत्मविश्वास नहीं होता, भय का भूत उन्हें ही डराता है, मनोबल गिराता है, संदेह, संशय और वहम पैदा करता है। आत्मविश्वास की कमी से ही दूसरों से बात करने में हिचकिचाहट होती है, आंख मिलाकर बातें करने की हिम्मत जाती रहती है, बोलने में हकलाहट होती है। पुलिस स्टेशन, कोर्ट-कचहरी जाने में घबराहट होना, साक्षात्कार में चयन न होना, अनेक क्षेत्रों में सफलता न मिलना, अपनी योग्यता में संदेह करना, बात-बात में निरुत्साही होना, कोई नया काम शुरू करते समय घबराहट होना आदि आत्मविश्वास की कमी के लक्षण हैं। ऐसे व्यक्ति को कार्य में आई थोड़ी सी संकट या बाधाएं भी डरा देती हैं और वह काम को अधूरा छोड़ देते हैं। अधूरा काम छोड़कर भागने या निराशा के हावी हो जाने पर व्यक्ति आत्महत्या तक कर सकता है।

आत्मविश्वास कैसे बढ़ाएं

आपने देखा होगा कि बच्चा जब चलना सीखता है, तो वह गिरता भी है। परंतु हर बार गिरने के बाद भी वह बार-बार उठता है और फिर चलने का प्रयास करता है। इसी अभ्यास के कारण कुछ ही दिनों में वह दौड़ने में सफल हो जाता है। हां, इस प्रयास में उसे बड़ों के प्रोत्साहन की आवश्यकता अवश्य होती है। क्योंकि इन स्थितियों में माता-पिता द्वारा की गई प्रशंसा से बच्चे का हौसला बढ़ता जाता है और उसका मन उत्साह तथा आत्मविश्वास से भर उठता है। जो उसे खुशी-खुशी लक्ष्य पाने में मदद देते हैं। ध्यान रखें कि आत्मविश्वास का शत्रु भय है। अतः मन में भय का बीज न बोएं। भय

या संशय मन में आते ही हमारा आत्मविश्वास विचलित हो जाता है। संशय, भय, बहम हमारे मनोबल को गिराते हैं। जिससे हम दुर्बल बनते हैं। अत: निर्भय होकर आत्मविश्वास से अपना मनोबल बढ़ाएं। हर परिस्थिति का सामना करने के लिए सदैव तैयार रहें। कहा भी गया है कि **"मन के हारे हार है, मन के जीते जीत।"** संकट में आत्मविश्वास बनाए रखने वाला व्यक्ति ही जीवन में अपना लक्ष्य प्राप्त कर सकता है।

अपने अंदर आत्मविश्वास को जगाने के लिए सबसे पहले आत्मनिरीक्षण करें। अपनी योग्यता और क्षमता को पहचानें। उस पर पूरा भरोसा रखें। दूसरा विद्यार्थी मेरिट लिस्ट में आ सकता है, तो आप भी अवश्य आ सकते हैं। मेहनत, लगन और आत्मविश्वास से अपने हौसले बुलंद रखें। रोज रात में सोते समय और सुबह उठते समय अपने भीतर यह भाव दृढ़ता से लाएं कि मुझमें असीम शक्ति है, मेरे मन में अनंत शक्ति का भंडार है, मेरे रास्ते की सारी बाधाएं दूर होकर ही रहेंगी, मुझे परीक्षा की मेरिट लिस्ट में अवश्य आना है। इस प्रकार के चिंतन को बार-बार दोहराते रहने से आपका आत्मविश्वास दिन पर दिन दृढ़ होता चला जाएगा। आत्मविश्वास की शक्ति विकसित होते ही आपकी सारी शक्तियां संगठित होकर कार्य करने लगेंगी और आंतरिक बल अनेक गुना बढ़ जाएगा। इससे असीम उत्साह प्राप्त होगा, मानसिक योग्यताओं का अद्भुत विकास होगा। यहां तक कि आपकी कार्य शक्ति कई गुना बढ़ जाएगी। असंभव लगने वाला कार्य भी संभव हो जाएगा। आप परीक्षा की मेरिट लिस्ट में अवश्य ही आ जाएंगे।

❑❑

दृढ़ इच्छा शक्ति से लक्ष्य पाएं

> प्रत्येक शक्ति की सफलता के पीछे उसकी इच्छा शक्ति है। जहां आपका विश्वास डगमगाया, इच्छाओं के रहने के बावजूद भी आप मंजिल पर नहीं पहुंच पाएंगे। प्रत्येक असमर्थ व्यक्ति को समर्थ बनने की मूल उसकी इच्छा शक्ति में है।
>
> —स्वेट मार्डेन
>
> जैसा आपका संकल्प होगा, उसको आपके भीतर का सच्चा बल पूरा कर देगा।
>
> —स्वामी रामतीर्थ
>
> सज्जनों के संकल्प कल्पवृक्ष के फलों की भांति शीघ्र ही परिपक्व हो जाते हैं।
>
> —कालिदास

सफलता पाने में हमारी दृढ़ इच्छा शक्ति बहुत महत्त्वपूर्ण भूमिका निभाती है। संसार में जितने भी महापुरुष हुए हैं, सभी ने अपनी दृढ़ इच्छा शक्ति के बल पर ही सफलता की सीढ़ियां चढ़ी हैं। दृढ़ इच्छा-शक्ति ही हमें कठोर परिश्रम के लिए प्रेरित करती है और परिश्रम से हममें आत्मविश्वास जाग्रत होता है। इसी दृढ़ इच्छा शक्ति को जगाकर आप परीक्षा की मेरिट लिस्ट में अपना स्थान सुनिश्चित कर सकते हैं।

महात्मा गांधी ने अपने बचपन के विषय में लिखा है कि साधारण छात्रों की तरह वे भी शब्दों की स्पेलिंग भूल जाते थे। एक बार कक्षा में डिप्टी साहब निरीक्षण के लिए आए थे। उन्होंने विद्यार्थियों को लिखने के लिए कुछ शब्द दिए। महात्मा गांधी ने अंग्रेजी के 'केटल' शब्द की स्पेलिंग गलत लिखी। कक्षा अध्यापक ने उन्हें साथी छात्र की कापी से सही स्पेलिंग उतारने का संकेत दिया, लेकिन उन्होंने ऐसा नहीं किया। गांधी जी ने अपनी इच्छा शक्ति को

दृढ़ किया और एक दिन यही गांधी बैरिस्टर की परीक्षा में सम्मान सहित उत्तीर्ण हुए।

एक बार एक ऋषि ने अपने शिष्यों से पूछा—'संसार की कठोरतम वस्तु कौन सी है?'

पहले शिष्य ने चट्टान, दूसरे ने लोहा, तीसरे ने लोहे को गला सकने वाली आग को तो चौथे ने आग को बुझा देने वाले पानी को कठोरतम वस्तु बताया। तब ऋषि ने कहा—संसार की कठोरतम वस्तु है 'दृढ़ संकल्प' जो चट्टान को तोड़ सकता है। लोहे को गला सकता है, आग को बुझा सकता और पानी को भाप बनाकर उड़ा सकता है।

दृढ़ इच्छा शक्ति के बल पर ही अब्राहम लिंकन पढ़-लिखकर एक किसान के बेटे से अमेरिका के राष्ट्रपति पद तक पहुंचे। इसी बल पर जेम्स वाट ने भाप का इंजन बनाकर दुनिया को चमत्कृत कर दिया। इसी इच्छा शक्ति के बल पर एकलव्य ने धनुर्विद्या में बिना गुरु के ही द्रोण शिष्य अर्जुन से भी ज्यादा सफलता प्राप्त की। इसी इच्छा शक्ति ने बचपन में भिक्षा मांगने वाले 'रामबोला' को अमर ग्रंथ रामचरित मानस के रचयिता 'तुलसीदास' के रूप में प्रसिद्ध कर दिया। न जाने कितने लोगों के नामों से इतिहास भरा पड़ा है, जिन्होंने अपनी इच्छा शक्ति के बल पर अपनी शिक्षा पूरी की और विद्वानों की श्रेणी में अपना नाम लिखाया।

शिक्षा ही क्यों, दूसरे क्षेत्रों में भी दृढ़ इच्छा शक्ति ने अपना कमाल दिखाया है। संसार के बहुत बलशाली लोगों में लुई केर की गिनती की जाती है। बचपन में वह बहुत कमजोर और दुबला-पतला था। उनकी तमन्ना यह थी कि वह दुनिया का सबसे बलवान आदमी बने। निरंतर अभ्यास, कसरत और खानपान के बल पर वह इतना बलशाली बन गया कि उसने हाथ से दो घोड़ों को रोककर दिखा दिया। सारे दर्शकों के सामने उसे संसार का सबसे बलवान व्यक्ति घोषित किया गया। उसकी आकांक्षा पूरी हुई।

राममूर्ति हिंदुस्तान के एक बहुत ही शक्तिशाली व्यक्ति थे। वे अपनी छाती पर हाथी खड़ा कर लेते थे। एक बार जब उन्होंने कई टन वजनी पत्थर उठा लिया, तो विद्यार्थियों ने उनकी भीम की सी शक्ति का रहस्य पूछा। इस पर वे बोले—"मैंने कभी यह नहीं किया कि जब मन हुआ कोई भारी चीज उठा ली, पर मैंने किया यह कि जो बोझ मैं आसानी से उठा सकता था, वह दिन में कई बार नियम से उठाता रहा और वजन उठाने की शक्ति बढ़ती गई।"

राममूर्ति के इस उत्तर में हर प्रकार की शक्ति, लक्ष्य प्राप्ति का रहस्य छिपा हुआ है। बचपन से ही उन्हें शक्ति अर्जन की चाह बहुत अदम्य थी और वह अर्जित की। उन्होंने यह शक्ति निरंतर नियम से आसन, कसरतें करते रहने से पाई थी।

ध्यान दें कि संसार में जितने भी महान कार्य हुए हैं, वे मनुष्य की दृढ़ इच्छा शक्ति के सहारे ही हुए हैं। जिस व्यक्ति की इच्छा शक्ति में जितनी दृढ़ता होगी, वह उतना ही अधिक कार्य सक्षम होगा, क्योंकि हमारे शरीर पर इच्छा शक्ति का ही शासन चलता है। इसी की बदौलत सारी इंद्रियां अपने-अपने कार्यों में जुट जाती हैं। यहां तक कि शरीर से निर्बल व्यक्ति भी दृढ़ इच्छा शक्ति से बलवान बन जाते हैं।

परीक्षा की मेरिट लिस्ट में आने के आपके लक्ष्य में आपकी दृढ़ इच्छा शक्ति बहुत मदद करेगी। इसे पाने की आप प्रतिज्ञा करेंगे, तो मार्ग की सारी बाधाएं दूर हो जाएंगी। जैसे पहाड़ी से निकलने वाला झरना रास्ते में पड़ने वाले पत्थरों की रुकावटों को तोड़कर अपना मार्ग स्वयं बना लेता है, ठीक वैसे ही आपकी दृढ़ इच्छा शक्ति भी आपके मार्ग में कोई रुकावट नहीं रहने देगी।

याद रखें हर तरह के रचनात्मक कार्यों की जड़ आपकी इच्छा शक्ति ही है और इसका उत्पन्न होना ही कार्य की आधी सफलता का प्रतीक है। दृढ़ इच्छा शक्ति वह मानसिक शक्ति है, जो निर्धारित लक्ष्य पर अटल रहने की प्रेरणा देती है और इसके लिए जरूरी है कि आप अपने उद्देश्य तथा निर्णय पर स्वयं विश्वास रखें, अन्यथा आपकी स्थिति डांवाडोल हो जाएगी और आप अपने लक्ष्य से पिछड़ जाएंगे। कमजोर इच्छा शक्ति से क्या-क्या नुकसान होते हैं और दृढ़ इच्छा शक्ति से क्या-क्या फायदे होते हैं, यह जान लेने से बात और भी स्पष्ट हो जाएगी।

कमजोर इच्छा शक्ति से नुकसान

अपना लक्ष्य बार-बार बदलना, मन में अनेक संदेह या परीक्षा में असफल होने के विचार आना, एक विषय के काम को अधूरा छोड़कर दूसरे विषय के कार्य में लगना और फिर दूसरा विषय छोड़ तीसरा विषय पकड़ना, कल्पित रोगों से ग्रस्त होना और हर उपचार में कमी ढूंढ़ना, छोटी-छोटी कठिनाइयों से घबरा जाना, परीक्षा का भय सताना, चिंता और परेशानियों से घिरे रहना, किसी भी मामले में तुरंत निर्णय न ले सकना, अंधेरे से डरना, हीन भावना से पीड़ित होकर घृणा, द्वेष, ईर्ष्या, अवसाद और निराशाजनक विचारों में उलझे रहना जैसी स्थितियां, कमजोर, निर्बल इच्छा शक्ति के दुष्परिणाम स्वरूप ही उत्पन्न होती हैं।

दृढ़ इच्छा शक्ति के फायदे

अपने लक्ष्य पर दृढ़ता से अडिग रहना, कैसी भी कठिनाइयां या बाधाएं आएं, उन्हें दूर करते जाना, कभी हार न मानना, नवनिर्माण, नवसृजन, नवचेतना में जुटे रहना, कार्य क्षमता में वृद्धि करना, प्रतिज्ञा की पूर्ति करना, किसी भी क्षेत्र में कुशलता प्राप्त करना, संदेह, निराशा, कुकल्पनाओं, भय, चिंता, परेशानियों को बलपूर्वक दूर ढकेल कर अपने में तुरंत निर्णय लेने की शक्ति पैदा करना, लाभ की प्राप्ति, शांति, प्रसन्नता, स्वास्थ्य तथा सौंदर्य जैसे गुण और जीवन में सुखों की प्राप्ति दृढ़ इच्छा शक्ति से ही होती है।

अब आप ही विचार करें कि कमजोर, निर्बल इच्छा शक्ति रखकर परीक्षा में असफल होना चाहते हैं या दृढ़ इच्छा शक्ति के बल पर अपने मेरिट में स्थान पाकर परीक्षा में सफलता पाना चाहते हैं? निश्चय ही दृढ़ इच्छा-शक्ति को ही आपने लक्ष्य की सफलता पाने के लिए चुना होगा।

सिर्फ निर्णय लेकर ही न रह जाएं। उसे क्रियान्वित करने के लिए भी दृढ़ इच्छा शक्ति में जुट जाएं। जो कार्यक्रम आपने परीक्षा की तैयारी के लिए बनाए हैं, उसे निश्चित समय में अवश्य पूरा करें। पढ़ाई में नागा न करें। मन में निराशा के विचारों को घुसने का मौका न दें। हमेशा दिन-रात अपने लक्ष्य के बारे में ही सोचें कि मुझे मेरिट में आना ही है। ऐसा सोचने मात्र से मन में आशा, विश्वास और साहस पैदा होगा। मन की गुप्त शक्ति जागेगी। रक्त प्रवाह बढ़कर स्वास्थ्य सुधरेगा, जिससे मन में प्रसन्नता और शरीर में पुष्टता आएगी। रुकावटें और कठिनाइयां दूर भागेंगी। दूषित विकार आपका कुछ भी नहीं बिगाड़ सकेंगे। इतने सब जादू हैं सकारात्मक सोच में। सकारात्मक चिंतन ही हमें अपने महान लक्ष्य को प्राप्त करने में सहायता करता है। यही हमारे मार्ग में आई बाधाओं, कठिनाइयों और विपरीत परिस्थितियों को दूर करके हमारी आत्मा के अंदर नई शक्तियों का संचार करता है और हमारा पथ प्रदर्शन भी करता है।

इसमें कोई संदेह नहीं कि लक्ष्य का सही निर्णय ही आपके उद्देश्य और आकांक्षाओं को पूरा करता है। अत: मेरिट लिस्ट में आने के लिए दृढ़ इच्छा शक्ति को जगाएं। अपना लक्ष्य निर्धारित करें और पूरी शक्ति से उसे प्राप्त करने में जुट जाएं। सफलता आपके कदम अवश्य चूमेगी।

❏❏

एकाग्रता सफलता की कुंजी है

> यदि जीवन में प्रगति और बुद्धिमानी की कोई बात है, तो वह एकाग्रता है और यदि खराब बात है, तो वह है अपनी शक्तियों को बिखेर देना।
> —इमर्सन
>
> अपने सामने एक ही साध्य रखना चाहिए। उस साध्य के सिद्ध होने तक दूसरी बात की ओर ध्यान नहीं देना चाहिए। रात-दिन सपने तक में उसी की धुन रहे, तभी सफलता मिलती है।
> —विवेकानंद
>
> एकाग्रता से ही विजय प्राप्त होती है।
> —चार्ल्स बक्सटन

एकाग्रता का अर्थ है अपनी संपूर्ण शारीरिक और मानसिक शक्तियों को अपने लक्ष्य पर केंद्रित कर देना। शिक्षा ही क्या जीवन के किसी भी क्षेत्र में एकाग्रता के बिना सफलता पाना असंभव है। जब तक हम अपने लक्ष्य पर केंद्रित नहीं होंगे, तब तक अपनी शक्तियों का सही उपयोग भी नहीं कर सकेंगे और आधी-अधूरी शक्ति से किसी कार्य को पूरा करना संभव नहीं हो सकेगा। अत: सफलता पाने के लिए एकाग्रता का अभ्यास करना आवश्यक है।

सामान्यत: हम एक कार्य को करते हुए दूसरे के विषय में सोचते रहते हैं और इस प्रकार हमारी शक्तियां बिखरी हुई रहती हैं। बहुत से विद्यार्थी जब पढ़ने बैठते हैं, तो उनका मन खेलने में लगा होता है और जब खेल रहे होते हैं, तो उन्हें पढ़ाई की चिंता लगी रहती है। इस प्रकार न तो वह पूरी एकाग्रता से पढ़ ही पाते हैं और न ही खेल पाते हैं। अत: दोनों ही कार्यों में से किसी में भी दक्षता प्राप्त नहीं कर पाते।

गुरु द्रोणाचार्य एक बार विद्यार्थियों की धनुष विद्या की परीक्षा लेने के लिए उन्हें एक पेड़ के पास ले गए। पेड़ पर मिट्टी की एक चिड़िया रखी गई और

शिष्यों से कहा गया कि आपको चिड़िया की आंख पर तीर से निशाना लगाना है। जो भी विद्यार्थी निशाना लगाने आता, गुरु जी उससे पूछते कि तुम्हें क्या दिखाई दे रहा है, तो विद्यार्थी बताते कि उन्हें चिड़िया के साथ-साथ पेड़-पत्ते आदि भी दिखाई दे रहे हैं। उनमें से एक भी विद्यार्थी निशाना लगाने में सफल नहीं हुआ। अंत में अर्जुन की बारी आई तो अर्जुन ने बताया कि गुरुजी मुझे तो चिड़िया की केवल आंख ही दिखाई दे रही है। अर्जुन ने निशाना लगाया। तीर अचूक निशाने पर लगा। यह थी एकाग्रता, जिसने अर्जुन को विश्व विख्यात धनुर्धर बना दिया।

एक लुहार अपने बाण बनाने की कला में इतना निपुण था कि उसके बनाए बाणों को देखकर हर कोई उसकी प्रशंसा किए बिना न रहता।

एक दिन वह बाण बनाने में तल्लीन था, तभी उसकी कर्मशाला के सामने से शहर के एक अत्यंत धनी व्यक्ति की बारात गाजे-बाजे के साथ धूमधाम से निकली। लुहार अपने काम में इतना तल्लीन था कि उसे शोर शराबा सुनाई ही नहीं दिया। कुछ समय पश्चात जब उसकी कर्मशाला में ऋषि दत्तात्रेय आए तब तक वह अपना काम निपटा कर आराम कर रहा था। उन्होंने उससे जब बारात के संबंध में पूछा तो लुहार ने कहा—"महाराज मैं तो अपने काम में जुटा था, मैंने किसी बारात को नहीं देखा।" मैं जब अपने काम में जुटता हूं, तब उसी का हो जाता हूं, फिर मुझे किसी चीज की सुध नहीं रहती, यह सुनकर ऋषि दत्तात्रेय उस लुहार के आगे नतमस्तक हो गए और अपनी साधना में उतनी ही तल्लीनता पैदा करने में जुट गए।

ईसप की नीति कथा आपने अवश्य सुनी होगी, जिसमें लक्ष्य के प्रति एकाग्रता रखने वाले कछुए ने अपनी धीमी चाल के बावजूद तेजी से दौड़ने वाले खरगोश को दौड़ में हरा दिया। यह तो एकाग्रता के सामान्य उदाहरण हैं। अपनी चरम स्थिति में तो एकाग्रता का अभ्यास कर लेने वाले छात्र को कोई लक्ष्य प्राप्त करना असंभव नहीं रह जाता।

एकाग्रता का महत्त्व

इसमें कोई संदेह नहीं कि जीवन के हर क्षेत्र में सफलता पाने के लिए एकाग्रता का महत्त्व है। शिक्षा, खेल-कूद, परीक्षा-प्रमोशन, नौकरी-धंधा, योगाभ्यास या उपासना करनी हो, सभी क्षेत्रों में एकाग्रता से ही सफलता मिलती है। मंद बुद्धि समझे जाने वाले विद्यार्थी भी अपनी रुचि के विषय में प्रवीण पाए जाते हैं। इसका एक ही कारण है कि उन्होंने जिस दिशा में गहराई और रुचि पूर्वक सोचते रहने का प्रयास किया, उसी संदर्भ में उन्हें प्रवीणता उपलब्ध हुई।

विज्ञान में भी आविष्कार हुए हैं। वैज्ञानिकों ने इस क्षेत्र में जो प्रतिष्ठा पाई है, इन सबके पीछे एकाग्रता का ही बल है। चंचल विद्यार्थी रिसर्च का काम नहीं कर सकता। चंचल मन में आने वाले विचारों और इच्छाओं के मुताबिक बिना सोचे-समझे विद्यार्थी यदि सब कार्य करता जाए, तो उसे दीन-हीन बनते देर नहीं लगती।

ऋषि-मुनि कहते हैं कि सब तपों में एकाग्रता परम तप है। जिसके पास एकाग्रता के तप का खजाना है, वह संसार के सारे विषयों को जानना चाहे, तो जान सकता है, ऋद्धि-सिद्धियों का स्वामी बनाना चाहे, तो बन सकता है और आत्म-साक्षात्कार करना चाहे, तो उसमें भी सफल हो सकता है।

स्वेट मार्डेन ने लिखा है—"जबरदस्त एकाग्रता के बिना कोई मनुष्य सूझबूझ वाला आविष्कारक, मौलिक शोधकर्ता नहीं हो सकता और मन की एकाग्रता के समान अन्य कोई मित्र विश्व भर में नहीं है। लाख शत्रुओं ने घेर लिया हो और आपके पास एकाग्रता का बल है, तप का बल है, तो शत्रु आपका कुछ नहीं बिगाड़ सकते।"

यदि आप एक तेज बुद्धि वाले विद्यार्थी हैं, तो एकाग्रता आपकी बुद्धि को और भी सहारा देकर प्रखर बनाएगी। आपकी मानसिक दक्षता को बढ़ाएगी, यथार्थ ज्ञान प्राप्त करा देगी। स्मरण-शक्ति को सहायता पहुंचाएगी। परीक्षा में मेरिट लिस्ट से सफलता पाने के लिए मन की एकाग्रता बहुत जरूरी है। मन की दृढ़ इच्छा शक्ति को किसी एक कार्य पर पूर्ण रूप से केंद्रित करने को एकाग्रता कहते हैं। एकाग्रता, आत्मविश्वास एवं पुरुषार्थ ये तीनों गुण महान कार्यों में व्यक्ति को सफलता दिलाते हैं। विश्व के महान व्यक्तियों ने सदा इन तीनों गुणों को अपनाया है। आप भी अपने जीवन में इन गुणों को अवश्य अपनाएं।

अनेक विद्यार्थी अपनी परीक्षा में इसलिए असफलत होते हैं कि वे एक बार में विभिन्न कार्यों में हस्तक्षेप करके अपनी एकाग्रता को खंडित कर देते हैं। यदि वे अपनी समस्त शक्ति का उपयोग एक ही दिशा में, किसी एक ही कार्य, जैसे विद्याध्ययन में ही लगाएं, तो उन्हें सफलता अवश्य मिलेगी। हां, एकाग्रता का मूल्य उसके पीछे रहने वाली इच्छा और श्रद्धा पर अवलंबित होता है। आपकी परीक्षा में मेरिट लिस्ट में आने की इच्छा नहीं है, तो फिर आप में एकाग्रता का होना भी संभव नहीं है।

एकाग्रता में बाधाएं

आंतरिक और बाह्य दो प्रकार की बाधाएं एकाग्रता में आती हैं। आंतरिक बाधाओं में मन का चंचल होना, स्वाभाविक आलस्य, मन के भटकने की ओर

स्वाभाविक झुकाव, कठिन परिश्रम के प्रति अनिच्छा, थकावट, चिंता, घबराहट और रुचियों की बहुतायत आती हैं। जबकि बाह्य बाधाओं में शोरगुल, अनुपयुक्त प्रकाश, असुविधाजनक कुर्सी, बैठने की उचित व्यवस्था न होना आदि आती हैं।

एकाग्रता कैसे प्राप्त करें ?

यों एकाग्रता का मतलब कार्य में मन की तन्मयता से होता है, जो कुछ विद्यार्थियों में जन्मजात होती है और कुछ को साधना या बार-बार के प्रयास के बाद प्राप्त होती है। एकाग्रता की आदत पड़ जाने के बाद विद्यार्थी किसी भी विषय में पारंगत हो सकता है। अपनी रुचि के अनुसार वह डॉक्टर, इंजीनियर, वकील, कुशल प्रशासक, चित्रकार, व्यापारी, कलाकार, वक्ता आदि बन सकता है। परीक्षा मेरिट लिस्ट में पास कर सकता है, लेकिन यह सब तभी संभव है, जब हमारा उद्देश्य निश्चित हो और उद्देश्य की प्राप्ति के लिए हम बेचैन हों।

आप ऐसी चीज पर अपना मन केंद्रित नहीं कर सकते, जिसके लिए आपके मन में रुचि न हो, उत्साह न हो, लगाव न हो अथवा जिसका आपके व्यक्तित्व के विकास से संबंध न हो। मन की एकाग्रता में पड़ने वाली आंतरिक और बाह्य बाधाओं को दूर करके तथा अपना मेरिट में आने का लक्ष्य सामने रखकर मन, बुद्धि और शरीर उसकी पूर्ति में लगा देना ही एकाग्रता है और यही एकाग्रता सफलता की कुंजी है। यही आपको मेरिट लिस्ट में स्थान दिलाने का सर्वश्रेष्ठ माध्यम है।

❏❏

मानसिक विकास के 21 टिप्स

> जिस मनुष्य की बुद्धि का विकास नहीं होता या अविवेकी होता है, वह मनुष्यता से गिर जाता है।
> —कौटिल्य
>
> भगवान ने बुद्धि की कोई सीमा निर्धारित नहीं की।
> —बेकन
>
> अच्छी तरह सोचना बुद्धिमानी है और अच्छी तरह काम को पूरा करना सबसे अच्छी बुद्धिमानी है।
> —फारसी कहावत
>
> बुद्धिमान विवेक से, साधारण मनुष्य अनुभव से, अज्ञानी आवश्यकता से और पशु स्वभाव से सीखते हैं।
> —सिसरो

परीक्षा की मेरिट में स्थान पाने के लिए आपके व्यक्तित्व का स्वांगीण विकास होना बहुत आवश्यक है। किसी भी कार्य में सफलता पाने के लिए उस कार्य के प्रति आपकी रुचि का जाग्रत होना, लक्ष्य का स्पष्ट होना, लक्ष्य को पाने के लिए आवश्यक परिणाम का अनुमान लगाना, परिश्रम को पूरी तरह करने के लिए समय का विभाजन करना, फिर एकाग्रता के साथ अभ्यास करना और बार-बार अपने कार्य की समीक्षा करना आदि ऐसे अनेक पहलू हैं, जिन पर योजनाबद्ध रूप से कार्य करके ही आप जीवन में सफलता प्राप्त कर सकते हैं। सफलता पाने के लिए अनेक सफल व्यक्तियों द्वारा किए गए प्रयासों पर गहन चिंतन और मनन के बाद हमने कुछ मुख्य बिंदु चुने हैं। आपकी सुविधा के लिए हम ऐसे 21 मुख्य बिंदुओं को टिप्स के रूप में प्रस्तुत कर रहे हैं :

1. नियम बनाएं : किसी भी कार्य को सफलतापूर्वक संपन्न करने के लिए जीवन में नियम बनाना और उनका पालन करना बहुत आवश्यक है। नियम

ही हमें अनुशासनबद्ध करते हैं और हमारे कार्य करने की क्षमता का विकास करते हैं।

जो कार्य नियमपूर्वक किया जाता है, वह अवश्य सध जाता है और उसमें सफलता मिलती है। नियम का अभ्यास होने पर निश्चित समय आते ही स्वयं ही आपकी शक्ति कर्तव्य की पूर्ति में जुट जाएगी। क्या अध्ययन, क्या चिंतन, क्या लेखन, क्या स्वाध्याय सबके लिए यही विधान है। इसीलिए प्रतिदिन नियम से कार्य करना जरूरी होता है। जीवन की परीक्षा हर समय है, ऐसा समझें और लक्ष्य प्राप्ति के लिए निश्चित योजना बनाकर चलें। नियम पालने में सबसे बड़ी बाधा आती है—आलस्य। आलस्य के सामने आप जितना झुकेंगे, उतना ही वह और प्रबल होता जाएगा। आज के कार्य को कल पर टालना नियम पालन का दूसरा दुश्मन है। आप निश्चय करते हैं कि आज से 8 घंटा पढ़ना शुरू करेंगे, लेकिन वक्त आने पर कोई बहाना ढूंढ़कर इस कार्य को कल से नियमित कर लेंगे, यह सोचकर कार्य आगे बढ़ा देते हैं। कल कभी नहीं आता। कल परसों में और परसों बरसों में बदल जाता है और वह कार्य कभी पूरा नहीं हो पाता। अत: आज के कार्य को आज ही करें।

यदि आपको जीवन में कुछ बनकर दिखाना है, तो नियमों के अनुसार जीवन को ढालना ही होगा। प्रारंभ में कठिनाइयां जरूर आएंगी, लेकिन जब नियम का अभ्यास हो जाएगा तब हर काम में आपको सफलता मिलनी शुरू हो जाएगी। ऐसा लगेगा कि नियम वास्तव में नीरसता लिए हुए नहीं है, बल्कि इसमें सरसता है, लय है, शक्ति है और प्रगति है। आवश्यकता है, तो बस इन्हें दृढ़ता से अपनाने की।

अत: यदि आपको परीक्षा में प्रथम आना है या मेरिट में स्थान पाना है, तो आज ही से अपने अध्ययन करने, सोने, जागने, खेलने और मनोरंजन करने के लिए निश्चित नियम बनाएं और इन नियमों का दृढ़ता से पालन करें।

2. नया सीखते रहें : हेनरी फोर्ड का कहना था कि जिस व्यक्ति ने नया सीखना बंद कर दिया, समझो वह बूढ़ा हो गया। चाहे वह 25 साल का जवान ही क्यों न हो। जिस व्यक्ति में हमेशा नया सीखने की उत्सुकता रहती है, वह ही युवा बना रहता है। हर समय नया सीखते रहने की प्रवृत्ति आपके मानसिक विकास के लिए बहुत लाभदायक है, क्योंकि अपने क्षेत्र में जिसकी जितनी नई जानकारी होगी, वह उस क्षेत्र में उतना ही अधिक सफल होगा और उतना ही प्रभावशाली होगा। अत: हर क्षेत्र में नई-नई बातें सीखने से ही आपका जीवन सफल होगा। जो छात्र यह सोचता है कि उसे सब कुछ जानकारी है,

वह अहंकार के कारण उचित परिश्रम नहीं करता और मेरिट में आने में सफल नहीं हो पाता है। ध्यान रखें कि संसार में होने वाली नित नई प्रगति के ज्ञान के साथ जो नहीं चलता, वह हर क्षेत्र में पिछड़ जाता है। क्योंकि किसी भी काम को सुचारु रूप से संपन्न करने के लिए उपयुक्त शक्ति की आवश्यकता होती है। यह शक्ति आती है ज्ञान से और ज्ञान आता है सतत् अध्ययन से।

आज आप जहां हैं, वहीं नहीं रहना चाहते तो आगे बढ़िए। अपनी उन्नति के लिए सीखने से इनकार मत कीजिए। अपने मित्रों, सहपाठियों या बड़ों से आप जो कुछ नया सीख सकते हैं, सीखिए। इस तरह हमेशा कुछ न कुछ सीखते रहने से आप ज्ञान में वृद्धि कर अपना मानसिक विकास कर सकते हैं। ज्ञान ही वह शक्ति है, जिससे आत्मविश्वास पैदा होता है। आत्मविश्वास ही सफलता का आधार है। अत: मेरिट में आने के लिए निरंतर सीखते रहने की आदत बना लेने में ही आपका लाभ है।

3. मनोबल बढ़ाएं : अगर इच्छा हो, मनोबल ऊंचा हो, तो इच्छित कार्य अवश्य पूरा होता है। जीवन संघर्ष में हर व्यक्ति को अनेक कठिनाइयों और समस्याओं का सामना करना पड़ता है। लेकिन मनोबल ऊंचा रख कर इन कठिनाइयों और समस्याओं पर काबू पाया जा सकता है। आपने देखा होगा कि अनेक निर्धन और साधनहीन छात्र भी अपने परिश्रम से मेरिट में स्थान पा जाते हैं, जबकि अनेक साधन संपन्न छात्र परिश्रम और मनोबल के अभाव में परीक्षा में असफल हो जाते हैं। इसका एकमात्र कारण है, मनोबल का अभाव।

संसार में मनोबल ही सफलता का प्रधान घटक है। वह जाग उठे तो असहाय प्राणी भी कठिन से कठिन कार्य में सफल हो सकता है। संकल्प और निश्चय तो अनेक छात्र करते हैं, पर उस पर टिके रहना और उनका निर्वाह करना हर छात्र के बस की बात नहीं है। विरोध, बाधा के सामने कितने ही हिम्मत हार बैठते हैं। किसी न किसी बहाने पीछे लौट पड़ते हैं। पर परिस्थितियों से लोहा लेकर आगे बढ़ने वाले विरले ही छात्र होते हैं। इन विरलों के पीछे होता है—मनोबल। जब तन अस्वस्थ होता है, तब मन ही उसे शक्ति प्रदान करता है। मनोबल एक अपूर्व संपदा है, इसे बढ़ाएं। परीक्षा की मेरिट में आने के लिए यह अत्यंत महत्त्वपूर्ण है।

4. हीन भावना दूर करें : दुनिया में लाखों-करोड़ों छात्र अपनी हीन भावना के कारण दब्बू और भीरु बने रहते हैं। उनकी हीन भावना उन्हें कभी ऊंचा उठने नहीं देती। वह अपने कार्य क्षेत्र में सामान्य नहीं रह पाते। चिड़चिड़ापन, अकारण क्रोध, रोब जमाने की प्रवृत्ति मन पर हावी हो जाती है। अपने को

दूसरों से हीन समझने की भावना गलत विचारधारा का परिणाम होता है, चाहे वह बचपन में पैदा हुई हो या बाद के अनुभवों के कारण बनी हो।

यदि आपमें कोई कमी है, तो यह सोचने मात्र से दूर नहीं होती। इसे दूर करने के लिए अपनी कमी को पहचानें, फिर अपनी शक्तियों को समझकर सकारात्मक दृष्टिकोण अपनाएं। फिर भविष्य के प्रति आशावान रहकर अपना आत्मविश्वास जागृत करें और फिर पूरे उत्साह और परिश्रम से अपना लक्ष्य पाने में जुट जाएं, तो हीन भावना से निश्चित ही छुटकारा मिल सकता है। अपने क्षेत्र में विशेषता पा लेने पर यूं भी हीनभावना अपने आप दूर हो जाती है।

5. संकोच न करें : चाणक्य नीति में कहा गया है कि धन और अन्न के उचित प्रयोग में, विद्या अध्ययन करने में, भोजन के समय और अन्य सामान्य व्यवहार में जो पुरुष संकोच न रखेगा, वह सदा सुखी रहेगा। आपने दैनिक जीवन में भी देखा होगा कि अनेक छात्र सामान्य से सामान्य व्यवहार में भी संकोच करते हैं। शिक्षकों से साफ-साफ बात करने में, कक्षा में प्रश्न पूछने में, प्रश्न का उत्तर आने पर बताने में भी संकोच करने वालों की कमी नहीं है। शर्मीले, संकोची विद्यार्थियों में भले ही अनेक गुण हों, लेकिन उन्हें पूरी सफलता नहीं मिलती। आत्मविश्वास की कमी उनकी योग्यता पर संदेह उत्पन्न करती है। परिणाम यह होता है कि इस कायरता से उनकी मौलिकता के गुणों की क्षमता दब जाती है।

अनेक बुराइयों की तरह ही संकोच या शर्म करना भी आपकी कल्पना की ही उपज होती है। इसे दूर करने के लिए गोष्ठियों में जाएं, सामाजिक कार्यों में जाकर लोगों से मिलें-जुलें। प्रतियोगिताओं में भाग लें, जिम्मेदारी का काम हाथ में लें। अन्य छात्र, अध्यापक और लोग-बाग आपके बारे में क्या सोचते हैं, इसकी परवाह न करते हुए अपनी हीन भावना को दृढ़ शक्ति और परिश्रम से दूर करें।

6. नम्रता की शक्ति : दुनिया में जितने भी महान व लोकप्रिय व्यक्ति हुए हैं या हैं, उनके जीवन की जानकारी प्राप्त करें, तो ज्ञात होगा कि उनके चरित्र में अन्य गुणों के साथ-साथ नम्रता का गुण प्रधान रहा है। नम्रता का गुण अपने अंदर कोमलता, धैर्य, उदारता और कृतज्ञता के भावों को सहेज कर रखता है। भौतिकता की अंधी दौड़ में आदमी ने नम्रता का दामन छोड़कर अहंकार वृत्ति अपना ली है। अहंकार मनुष्य को नष्ट कर देता है। परम वैभवशाली रावण का नाश अहंकार के कारण ही हुआ था।

जिन छात्रों में नम्रता नहीं आती, वे विद्या का पूरा सदुपयोग नहीं कर पाते। कहा गया है कि विद्या मनुष्य को विनम्र बनाती है, नम्रता के अभाव में महानता थोथी है और बौनी बन जाती है। आत्मसुधार की पहली आवश्यकता है अपने दोषों को स्वीकार करना, जो नम्रता से ही संभव है। ध्यान रखें कि नम्रता और कायरता में बहुत अंतर है। कुछ छात्र नम्रता को कमजोरी या कायरता का प्रतीक समझते हैं, किंतु वास्तव में नम्रता आपके बड़े होने की पहली पहचान है। व्यक्ति जितना समर्थ होता जाता है, उसमें नम्रता का गुण बढ़ता जाता है। नम्रता शक्तिशाली और सामर्थ्यवान व्यक्ति को ही शोभा देती है। इसलिए अपना लक्ष्य सदैव ऊंचा बनने का रखें और व्यवहार में न्रमता लाएं।

7. धैर्य रखें : कुछ कार्य सरल होते हैं और झट से हो जाते हैं, जबकि बहुत से कार्य अधिक कठिन और समय साध्य होते हैं, जिनके पूरे होने में समय लगता ही है। जैसे कि परीक्षा या आपका कोई भी लक्ष्य। मान लीजिए आप परीक्षा की मेरिट में आना चाहते हैं, तो इसके लिए आपको परीक्षा होने तक पूरे वर्ष लगातार धैर्य रखकर गहन अध्ययन करना पड़ेगा और परीक्षा के बाद परीक्षा परिणाम के लिए भी प्रतीक्षा करनी पड़ेगी। यदि आपने डॉक्टरी या इंजीनियरिंग में जाने का निर्णय लिया है, तो पहले उसकी प्राथमिक योग्यताएं प्राप्त करने के लिए धैर्य के साथ अध्ययन करना पड़ेगा। भले ही इस कार्य में कई वर्षों का समय क्यों न लगे। अत: विद्यार्थी को सदैव धैर्य बहुत आवश्यक है। यदि आपमें धैर्य नहीं है, तो आपकी चंचलता आपको एकाग्र नहीं होने देगी। ऐसी स्थिति में आप अपनी शक्तियों को एक ही कार्य में नहीं लगा पाएंगे और उचित परिणाम के अभाव में परीक्षा की मेरिट में आने से वंचित रह जाएंगे। अत: खासकर छात्रों को धैर्य की बहुत जरूरत होती है, क्योंकि धैर्य होगा तो हम निरंतर प्रयत्नशील रह सकेंगे, वरन् धैर्य छूट जाने पर निराश होकर काम को अधूरा छोड़ देंगे। पेड़-पौधों में कितना ही खाद, पानी दो, वे समय से ही फल देते हैं और फल भी समय से ही पकते हैं, तभी उनमें स्वाभाविक मिठास आती है। इसीलिए कहा जाता है कि सहज पके सो मीठा होय, यानी कि हर कार्य के पूरा होने का अपना एक समय होता है। उस समय को धैर्य से काटें। इसी प्रकार हर काम अपना समय लेता है।

धैर्य बहुत बड़ा बल और उतावलापन यानी अधैर्य बहुत बड़ी निर्बलता है। इसीलिए धैर्य बना रहे, इसके लिए स्थिर बुद्धि होना बहुत जरूरी है। धैर्य टूट जाना वैसा ही होता है, जैसे कोई रस्सी के सहारे ऊपर चढ़ रहा हो और बीच में ही धैर्य रूपी रस्सी टूट जाए। ऊपर तक पहुंचने के लिए धैर्य रूपी रस्सी का न टूटना अनिवार्य है। इसलिए धैर्य की रस्सी को मजबूत करें।

धैर्य की प्रशंसा तो सभी छात्र करते हैं, लेकिन जीवन में इसे कम ही छात्र उतारते हैं। सद्गुणों की सूची में धैर्य का गुण सर्वोपरि होता है। धैर्य के कारण ही आपत्ति में व्यक्ति साहस नहीं छोड़ता। निराशा में घबराता नहीं। विचलित हुए बगैर लगन से काम करते रहना ही धैर्य है। पढ़ाई में माहिर होने के लिए बहुत धैर्य चाहिए। यदि पढ़ने और पढ़ाने वाले में धैर्य न रहे, तो हो सकता है कि अधीरता से पढ़ाई ही बंद हो जाए।

8. आशावादी बनिए : संसार के सारे कार्य आशाओं पर चलते हैं। यदि आशाएं न होतीं, तो संसार नीरस और निश्चेष्ट सा दिखाई देता। आपकी आशाएं ही शक्ति का संचार करती हैं। आपकी प्रत्येक उन्नति, जीवन की सफलता तथा जीवन लक्ष्य की प्राप्ति का संचालन आशाओं द्वारा ही होता है। आशाओं के सहारे ही आप घोर विपत्तियों में दुश्चिंताओं को हंसते-हंसते जीत सकते हैं। आशावादी छात्रों को हर कठिनाई में भी किसी सुअवसर के दर्शन होते हैं, किंतु निराशावादी छात्रों को हर सुअवसर में भी कठिनाई और बाधा ही दिखाई पड़ती है।

आशावादी व उत्साहपूर्वक दृष्टिकोण अपनाकर आप चिंता, भय और अनेक बीमारियों को अच्छी तरह निकाल फेंकने में समर्थ हो सकते हैं। आशावादी दृष्टिकोण आपको हंसते-हंसते जीवन जीना सिखाएगा। दुखों से घिरे रहने पर भी आशावादी दृष्टिकोण के बल पर आप प्रसन्न रह सकते हैं। आशा ही वह संबल है, जिसके आधार पर आप परीक्षा की मेरिट में अपना स्थान सुनिश्चित कर सकते हैं।

9. कार्य को कल पर न टालें : अंग्रेजी में एक कहावत हैं—'टुमारो नेवर कम्स' मतलब यह कि कल कभी नहीं आता। इसके बावजूद अधिकांश छात्रों की पढ़ाई कल के भरोसे चलती है। यह जानते हुए भी कि पढ़ाई टलने की आदत बहुत खराब होती है, अधिकांश छात्र इस ओर ध्यान नहीं देते हैं। असंख्य छात्र जिनमें सफलता के शिखर पर चढ़ जाने की योग्यता थी, जिंदगी भर असफल बने रहे। क्योंकि उनमें ठीक काम को ठीक समय पर करने की तत्परता नहीं थी।

जिस छात्र ने आज का उपयोग उचित रूप से करना सीख लिया, समझो उसने जीवन की बाजी जीत ली। हार का मुंह तो उन्हीं छात्रों को देखना पड़ता है, जो आज की पढ़ाई कल पर टाल देते हैं। जो दृढ़ निश्चयी होते हैं, वे आज का काम कल पर कभी नहीं टालते और अंत में वे ही मेरिट में स्थान पाकर जीवन में कुछ कर गुजरते हैं। तुम्हें जो कुछ करना है, अभी करो। छोटे-छोटे कामों को तुरंत निर्णय लेकर निपटाओ। पढ़ाई का काम अधिक होने पर

प्राथमिकता निश्चित कर, एक-एक हर कार्य निपटाएं। ज्यों-ज्यों काम निपटता जाएगा, आपका उत्साह बढ़ता जाएगा और मन का बोझ हलका होता जाएगा।

10. बोलने का ढंग : किसी भी छात्र की योग्यता, विद्वता और बुद्धिमत्ता या इसके विपरीत कहें तो अयोग्यता, अज्ञानता और मूर्खता का पता तब तक नहीं चलता, जब तक वह बोले नहीं। बोलने से उसकी काबिलीयत तो प्रकट होती है, साथ ही उसकी सभ्यता और संस्कृति आदि के विषय में भी पता चल जाता है। आकर्षक ढंग से बात करने वाले छात्र की ओर हर कोई खिंचा चला आता है। ऐसे छात्रों के मित्रों और परिचितों का दायरा भी बढ़ता जाता है, इसके विपरीत अशिष्ट व व्यंग्यात्मक तरीके से बोलने वाला छात्र अकेला होता चला जाता है।

बोलने में कुशलता और प्रभाव पैदा करने के लिए सबसे जरूरी बात है, मधुरता और विन्रमता। ऐसी वाणी को सुनने वाला प्रसन्न, संतुष्ट और प्रभावित होता है, जबकि कठोर, कटु और अप्रिय वाणी से विरोध, कटुता, शत्रुता और कलह पैदा होती है। अधिक बोलने वाला व्यक्ति कहीं न कहीं चूक जाता है। अत: बातचीत करते समय यह आवश्यक है कि जो कुछ कहा जाए, उतना ही कहा जाए, जितना आवश्यक हो। कोई ऐसी बात न कही जाए, जिससे सामने वाले का अपमान हो। ठीक यही नम्रता और शिष्टता लिखने में अपनाएं। आपका सधा हुआ लेखन परीक्षक को प्रभावित करके आपको अच्छे अंक दिला सकता है।

11. परोपकार करें : सच्ची शिक्षा ज्ञान विनम्रता और परोपकार की भावना सिखाती है। ज्ञान का सच्चा उपयोग परोपकार में ही है। यदि चिकित्सा की विधि सीखकर आप डॉक्टर बन जाएं, किंतु अपने ज्ञान का उपयोग दूसरे के रोग दूर करने में न करें। तो ऐसी शिक्षा से क्या लाभ? अत: परोपकार की भावना विकसित करना आपका पहला धर्म है। परोपकार के लिए अपना सर्वस्व बलिदान करना ही सच्ची महानता है। यही धर्म है, यही पुण्य है। कई व्यक्ति सोचते हैं कि हमें अपने मतलब से मतलब रखना चाहिए। दूसरे के दुख-दर्द में सहायक बनने, दूसरों की समस्याओं में सिर खपाने से क्या लाभ? मानवता का उद्देश्य है कि हम अपने कल्याण के साथ दूसरों के कल्याण की बात भी सोचें।

परोपकारी प्रवृत्ति के कारण ही संसार का कार्य चल रहा है। किसी के साथ भलाई करके उसका मूल्य न चाहना ही परोपकार की सच्ची भावना है। अपकार करना तो सहज है, परंतु परोपकार करना बहुत कठिन होता है। सफल जीवन जीने के लिए छात्रों को अपने अंदर इस गुण को विकसित करना चाहिए।

12. बुरी आदत छोड़ें : जो आदत आपके तन और मन पर बुरा प्रभाव डालती है, आपको लक्ष्य से हटाती है या समाज में आपका सम्मान गिराती है, वह ही बुरी आदत है। अपनी उन्नति और सम्मान के लिए बुरी आदतों को तत्काल छोड़ देना चाहिए और उनके बदले अच्छी आदतों को विकसित करना चाहिए।

बहुत से छात्र पान, तंबाकू, गुटका, धूम्रपान, आलस्य तथा लापरवाही जैसी अनेक बुरी आदतों के शिकार हो जाते हैं। परिणाम यह होता है कि वे अपने कार्य पर पूरा ध्यान नहीं दे पाते और परीक्षा की मेरिट में आने से रह जाते हैं। इसलिए बुरी आदतों को छोड़कर आज ही अच्छी आदतों को अपनाएं। आरंभ में आप मात्र चार आदतों को अपने जीवन में अपनाकर प्रगति कर सकते हैं। ये हैं—नियमितता, सत्यता, स्थिरता और शीघ्रता। नियमितता के अभाव में समय नष्ट होता है, सत्यता के अभाव में दूसरों की अपेक्षा अधिक हानि उठानी पड़ती है। स्थिरता के न होने से कोई कार्य नियमानुसार पूरा नहीं किया जा सकता है और शीघ्रता को अमल में न लाने से व्यक्ति जीवन में भली प्रकार से उन्नति नहीं कर सकता है।

अच्छी आदतों को स्वीकार करते हुए बुरी आदतों को त्याग करते जाने पर ही हम सुखी हो सकते हैं। अच्छी आदतें सीखने के लिए किसी विशेष आयु की प्रतीक्षा नहीं करनी चाहिए वरन् अच्छी आदतों को अपनाने के लिए सदैव तैयार रहना चाहिए। आदतें स्वनिर्मित होने के कारण उन्हें संकल्प शक्ति से बदला या हटाया जा सकता है। अभ्यास और मनोयोग से नियमपूर्वक करने पर हर कार्य सीखा जा सकता है। जीवन में उन्नति करने का यही श्रेष्ठ नियम है। इसे अपनाकर आप भी सफल जीवन जी सकते हैं।

13. भूलों से सबक लें : संसार में ऐसा व्यक्ति खोजना मुश्किल है, जिससे जीवन में भूल न हुई हो। अपनी भूलों को हम आसानी से स्वीकार नहीं करते, जबकि हमारी भूलें सद्गुणों के सीखने का अभिन्न अंग हैं। ये हमारे लिए सफलता की सीढ़ी हैं। भूल करना कोई अपराध नहीं है, जब तक कि आप उनमें सुधार करने का प्रयत्न करते रहते हैं। आपकी भूलें यही दर्शाती हैं कि आपको सफलता पाने के लिए और कितना परिश्रम करना शेष है। अपनी भूल मान लेने से यह फायदा होता है कि हम वैसी भूल दुबारा नहीं करते और इस प्रकार अपने में सुधार का अनुभव होता है। इसलिए जो छात्र अपनी भूलों से शिक्षा लेकर अपनी कमियों को सुधार लेते हैं। वे अवश्य ही मेरिट में स्थान पाते हैं।

14. स्वावलंबी बनें : ईश्वर ने हमें शरीर इसलिए दिया है कि हम स्वावलंबी बनें। अपना काम अपने हाथ से करें। अपने हाथों से कमाई करके अपना जीवन खुशहाल बनाएं। आपने पेड़-पौधों को देखा होगा, जो स्वावलंबन के जीते-जागते उदाहरण हैं। वे स्वत: बढ़ते रहते हैं। किसी की खुशामद करने नहीं जाते। छोटी सी चींटी भी स्वावलंबन का महत्त्व समझती है। महापुरुष स्वावलंबन के सहारे ही ऊंचे उठे। यदि आपको अपना काम सुधारना है, तो किसी के भरोसे न रहकर उसे स्वयं करें। दूसरों का मुंह ताककर आप अपने कर्तव्य का पालन नहीं कर सकते। भगवान उन्हीं की सहायता करते हैं, जो अपनी सहायता स्वयं करते हैं। अत: मेरिट में आने के लिए आप स्वयं परिश्रम करें। अपने कार्य के लिए किसी के सहयोग की अपेक्षा न रखें। तुम्हारा परिश्रम ही तुम्हें मेरिट में स्थान दिला सकता है।

15. सत्संगति में रहें : आप जानते हैं कि संगति का प्रभाव व्यक्ति पर जरूर पड़ता है। गेटे का कहना है कि मुझे बताइए आपके संगी-साथी कौन हैं? और मैं बता दूंगा कि आप कौन हैं? जो बुद्धिमानों की संगति करता है, वह बुद्धिमान बन जाता है। बुरी संगत का कुप्रभाव जितना जल्दी पड़ता है, अच्छी संगति का सुप्रभाव उतनी ही देर से पड़ता है। सत्संगति बुद्धि की जड़ता को दूर करती है, वाणी में सच्चाई लाती है, सम्मान तथा उन्नति का विस्तार करती है। बुरे लोगों की संगति पग-पग पर हानि पहुंचाती है। अत: सदा श्रेष्ठ मित्रों की संगति करें। यदि आप मेरिट मे आना चाहते हैं, तो आपको चाहिए कि आप उन्हीं छात्रों से दोस्ती करें; जो परिश्रमी, समय के पाबंद और मेरिट में आने की इच्छा रखते हों। ऐसे छात्रों से बातचीत में आपको नई-नई बातें जानने को मिलेंगी, ज्ञान मिलेगा। ऐसे छात्रों से दूर ही रहें जो पढ़ाई में रुचि नहीं लेते हों या जिनका ध्यान दूसरी बातों में रहता है, अन्यथा उनकी संगति आपमें भी पढ़ाई के प्रति उपेक्षा की भावना पैदा कर सकती है और आपका भविष्य खराब हो सकता है।

16. जिज्ञासा का भाव रखें : जिज्ञासा के बिना ज्ञान प्राप्त नहीं होता। जिज्ञासा का मतलब जानने की इच्छा है। विद्यार्थी में नई वस्तु और नए विषय के प्रति उत्कंठा एवं जिज्ञासा होनी चाहिए, तभी वह ज्ञान प्राप्त कर सकता है। अपनी पाठ्य पुस्तकों के प्रति जिज्ञासा का भाव रखना बुद्धि का विकास करने में सहायक होता है। जिज्ञासा तीव्र बुद्धि का स्थाई और निश्चित गुण है। जिज्ञासा से एकाग्रता बढ़ती है और पढ़ी हुई सामग्री शीघ्र याद हो जाती है। जहां जिज्ञासा रखने वाले छात्र अध्यापक से बार-बार विषय के संबंध में प्रश्न पूछकर जानकारी बढ़ाते हैं और अपनी शंकाओं का समाधान प्राप्त करते हैं, वहीं जिनमें यह प्रवृत्ति नहीं होती ऐसे छात्र कक्षा में दूसरों का मुंह ताकते हुए मूक बने बैठे रहते हैं। अत:

यदि आप मेरिट में आना चाहते हैं, तो जिज्ञासु बनें, अपने ज्ञान का विस्तार करें, तभी आपमें आत्मविश्वास पैदा होगा।

17. स्वास्थ्य का पूरा ध्यान रखें : मेरिट में आने के लिए निश्चित रूप से आपको कठिन परिश्रम की आवश्यकता है, लेकिन कठिन परिश्रम के लिए यह बहुत आवश्यक है कि आप तन और मन दोनों से ही स्वस्थ रहें।

शरीर से स्वस्थ रहने के लिए आपको चाहिए कि अपने आचार-विचार पवित्र रखें, उचित समय पर पौष्टिक भोजन करें, उसे पचाने के लिए आवश्यक शारीरिक श्रम करें तथा निश्चित समय पर सोएं और सही समय पर जागें। भली प्रकार नींद लेने, पौष्टिक भोजन करने और खेल-कूद में भाग लेने से आपका शरीर स्वस्थ, शक्तिशाली और चुस्त रहेगा।

स्वस्थ शरीर में ही स्वस्थ मस्तिष्क निवास करता है। यदि आपका शरीर स्वस्थ रहेगा तो मानसिक दृष्टि से भी आप आत्मविश्वासी और आशावादी बने रहेंगे। अतिरिक्त मानसिक विकास के लिए निरंतर अध्ययन करके अपना ज्ञान बढ़ाएं, किंतु यह भी ध्यान रखें कि ज्ञान को मस्तिष्क पर लादें नहीं, उसे पूरी तरह समझ कर ग्रहण करें।

मानसिक संतुष्टि के लिए मनोरंजन भी बहुत आवश्यक है, इसलिए दिन में मनोरंजन के लिए भी कुछ समय अवश्य निकालें। अपनी समूची दिनचर्या में इस बात का ध्यान अवश्य रखें कि आप जिस समय जो कार्य कर रहे हैं, पूरे मन से केवल वही कार्य करें। उस समय मन को दूसरी ओर न जाने दें, जैसे जब आप खेल रहे हों, तो सिर्फ खेलें। जब आप मनोरंजन कर रहे हों, तो पूरी तरह मनोरंजन करें और जब आप सो रहे हों, तो आराम से सोएं। उस समय न कोई चिंता करें न कुछ सोचें। ठीक इसी प्रकार जब आप अध्ययन कर रहे हों, तो पूरी तरह अध्ययन में ही रुचि लें। जब आपको कार्य का बंटवारा करके उसे पूरी रुचि के साथ करने की आदत बन जाएगी, तो आपकी सफलता सुनिश्चित हो जाएगी।

18. प्रियदर्शन की आदत बनाएं : संसार में कोई भी व्यक्ति न तो सर्वगुण-संपन्न है और न दुर्गुणों की खान। सभी में कुछ न कुछ गुण, तो कुछ न कुछ दोष अवश्य होते हैं। जहां आलोचक केवल दोष देखते हैं, वहीं सज्जन दूसरों के गुणों पर ध्यान देते हैं। अपने सही दृष्टिकोण के कारण उन्हें दूसरों में दोष कम दिखाई देते हैं। वे तो बुरों में भी गुण तलाश लेते हैं। दूसरों में केवल दोष ढूंढ़ने वाला व्यक्ति संसार में उन्नति नहीं कर सकता। जो शक्ति आपको अपनी उन्नति में लगनी चाहिए, वह शक्ति दूसरों के दोष तलाशने में खर्च होती है। ऐसा करके आप अपना ही अहित कर लेते हैं।

19. आत्मप्रेरणा से सफलता पाएं : आजकल मनोवैज्ञानिकों का कहना है कि आत्मप्रेरणा (आटो सजेशन) से इच्छित लक्ष्य प्राप्त किया जा सकता है और अपने व्यक्तिगत दोषों को भी दूर किया जा सकता है। आत्मप्रेरणा में बड़ी शक्ति होती है। बस, जरूरत यह है कि इसे दृढ़ निश्चय, आत्मविश्वास, कल्पना, अभिलाषा और आशा से जाग्रत किया जाए।

आत्मप्रेरणा का अभ्यास इस सिद्धांत पर आधारित है कि कोई भी विचार, उद्देश्य जिस पर बार-बार ध्यान दिया जाता है, वह इच्छा और भावना शक्ति से मिलकर प्रबल बनकर अकस्मात कार्यरूप में प्रकट हो जाता है। आप जैसा बनना चाहते हैं, वैसे ही विचारों को सोने से पहले उपरोक्त गुणों से जाग्रत करें। बार-बार दोहराएं। इनका शुभ और आश्चर्यजनक परिणाम कुछ हफ्ते की प्रैक्टिस के बाद आपको अवश्य मिलेगा। यदि अभ्यास में आप सफल हो जाते हैं, आपकी शक्तियों का विकास होगा और मेरिट में आने के उद्देश्य में अवश्य सफल हो सकते हैं।

20. असफलता से घबराएं नहीं : अनेक विद्यार्थी प्रति वर्ष परीक्षा में असफल होने पर बुरी तरह निराश हो जाते हैं। प्रत्येक असफल परीक्षार्थी को यह सोचना चाहिए कि परीक्षा में असफल होना कोई अपराध नहीं है, कोई अनहोनी घटना नहीं है, ऐसी कोई बात नहीं जिसके कारण अत्यंत दु:खी होकर निराश हो जाएं और कोई गलत कदम उठाएं। परीक्षा में असफलता मिलना एक प्रकार की चेतावनी है। परीक्षा की तैयारी के लिए जितनी मेहनत की जरूरत थी, उतनी नहीं की गई।

अनेक महान व्यक्तियों ने परीक्षाओं में पहले असफलता का मुंह देखा है, फिर भी उन्होंने हिम्मत नहीं हारी और अपने निर्धारित लक्ष्य को प्राप्त करने में सफल हुए। हमें असफलता को स्वीकार करने के लिए भी तैयार रहना चाहिए। जो असफलता आज मिली है, वही आगे चलकर सफलता का कारण बनेगी, ऐसा विश्वास रखना चाहिए।

जो बार-बार असफल होने पर भी अपने प्रयत्न नहीं छोड़ते और उत्साह में कमी नहीं आने देते, उन्हें सफलता जरूर मिल जाती है। महान वैज्ञानिक अलबर्ट आइंस्टीन के अध्यापक उनसे कहते थे कि वे सात जन्म में भी गणित में सफल नहीं हो सकते, लेकिन वे लगातार असफलताओं का मुकाबला करते हुए विद्याध्ययन में लगे रहे। उसी का फल है कि विश्व के श्रेष्ठ वैज्ञानिक बने। प्रत्येक विद्यार्थी के जीवन में किसी न किसी क्षेत्र में असफलताएं मिलती ही रहती हैं, लेकिन कभी हिम्मत नहीं हारनी चाहिए। आशा दुर्गम से दुर्गम

मंजिल को भी सुगत बना देती है। अत: आशा, उत्साह, आत्मविश्वास, सच्ची लगन और दृढ़ इच्छा शक्ति से वर्ष भर नियमित रूप से अध्ययन करके आप भी परीक्षा में पूर्ण सफलता पा सकते हैं। मेरिट में आ सकते हैं।

21. प्रतिभा के धनी बनें : आपका मस्तिष्क अद्‌भुत प्रतिभा का खजाना है, लेकिन अधिकांश को इस खजाने का ज्ञान नहीं है और न ही उन्होंने इस खजाने को कभी प्राप्त करने का प्रयत्न किया है। आपके प्रयासों की प्रतीक्षा करते-करते आपकी प्रतिभा पूरी उम्र यूं ही गुजार देती है और थोड़ा बहुत सदुपयोग किया भी गया तो अधिकांश अंश अनुपयोगी ही छूट जाता है। यदि आप अपनी पूरी प्रतिभा का उपयोग कर लें, तो आपके जीवन में आश्चर्यजनक परिवर्तन आ सकता है। जो विद्यार्थी अपनी प्रतिभा का सदुपयोग पूरे परिश्रम के साथ, अपने लक्ष्य प्राप्ति हेतु लगा देते हैं, उन्हें इच्छित लक्ष्य अवश्य ही प्राप्त होता है।

याद रखें, विश्व में जितने भी महान विजेता, महान कलाकार, महान साहित्यकार, महान शासक हुए हैं, उन सबकी उपलब्धि के पीछे एक ही रहस्य था—अथक परिश्रम, कुछ कर दिखाने की प्रबल आकांक्षा, अटूट लगन। इसमें परिश्रम का ही हाथ अधिक था, प्रतिभा का कम। यदि घोर परिश्रम रूपी जल से प्रतिभा को सिंचित नहीं किया गया होता, तो एक असिंचित पौधे की तरह ही वह मुरझा जाती, भुला दी जाती। अत: चुनौतियों से घबराएं नहीं। उनका स्वागत करते हुए, उन्हें ललकारते हुए, उनसे लोहा लेते हुए लगन, परिश्रम और अध्ययन में जुट जाएं। परिश्रम आपको अवश्य ही मेरिट में स्थान दिलाएगा।

❑❑

खंड दो
शारीरिक स्वास्थ्य

ब्रह्मचर्य का पालन करें

> ब्रह्मचर्य का अर्थ केवल वीर्य रक्षा अथवा काम जय ही नहीं है, बल्कि उसके लिए सभी इंद्रियों का संयम आवश्यक है।
>
> —*महात्मा गांधी*
>
> संसार की सर्वश्रेष्ठ और सर्वाधिक ज्ञान की रचनाएं प्राय: ब्रह्मचारी लेखकों की लेखनी से ही रची हुई हैं।
>
> —*बेकन*
>
> ब्रह्मचर्य पालन से शक्ति प्रबल होती है और बौद्धिक तथा आध्यात्मिक शक्ति उत्पन्न होती है। कड़े ब्रह्मचर्य के पालन से कोई भी विद्या अल्पकाल में ही जानी जा सकती है, याद रखने की अचूक स्मरण शक्ति आ जाती है।
>
> —*विवेकानंद*

हमारे जीवन रूपी भवन की आधारशिला यानी नींव ब्रह्मचर्य है। ब्रह्मचर्य का पालन करने वाले हनुमान, लक्ष्मण, भीष्म आदि ऐसे महापुरुष हुए हैं, जिनकी शक्ति, साहस और वीरता का उल्लेख हर किसी को चकित कर देता है। यही कारण है कि हमारे प्राचीन मनीषियों ने बालकों के लिए छोटी आयु से ही किसी सद्गुरु के निकट रहकर युवावस्था तक ब्रह्मचर्य का पालन करने का नियम बनाया था।

ब्रह्मचर्य के लाभ

युवावस्था में पढ़ाई खत्म होने तक ब्रह्मचर्य व्रत पालन करने से शरीर पुष्ट और निरोग बनता है, कार्य करने की शक्ति बढ़ती है, पाचन शक्ति दुरुस्त रहती है, रोगों से लड़ने की शक्ति आती है। साहस और हिम्मत बढ़ती है, कठिनाइयों से लड़ने की शक्ति आती है, उत्साह, आत्मविश्वास, दृढ़निश्चय के गुणों से

व्यक्तित्व प्रभावशाली बनता है। चेहरे पर रौनक आती है, बुद्धि तीव्र होती है, स्मरण शक्ति बढ़ती है, मस्तिष्क जल्दी नहीं थकता, आत्मिक उन्नति होती है। उपर्युक्त गुणों के कारण कार्यों में सफलता मिलते रहने से सदैव प्रसन्नता की अनुभूति होती रहती है।

ऋग्वेद में कहा गया है—

जुषस्व सप्रथस्तमं वचो देवप्सरस्तमम्।
हव्या जुह्वान आसनि॥
—ऋग्वेद 1/75/1

शारीरिक और आत्मिक सुख प्राप्त करना चाहते हो तो अपने आहार, विहार और चेष्टाओं में सादगी रखते हुए ब्रह्मचारी बनो। अथर्ववेद में लिखा है—

ब्रह्मचर्येण तपसा देवा मृत्युमपाघ्नत।
इन्द्रो ह ब्रह्मचर्येण देवेभ्यः स्वरा भरत्॥
—अथर्ववेद 11/7/19

ब्रह्मचर्य का पालन करें, क्योंकि भोग से रोग पैदा होते हैं और परमात्मा में ध्यान नहीं लगता। ब्रह्मचर्य से ज्ञान प्राप्ति की अभिलाषा पैदा होती है और आध्यात्मिक विकास होता है। ब्रह्मचर्य और तप से देवताओं ने मृत्यु का नाश किया और इंद्र ने भी ब्रह्मचर्य से ही देवताओं में श्रेष्ठत्व प्राप्त किया।

दूषित माहौल का प्रभाव

आजकल के दूषित माहौल में युवकों की बात तो छोड़िए 10-12 साल के बालकों में भी दूषित भावनाएं देखने को मिलने लगी हैं। वे खुलेआम अश्लील बातें और हरकतें करने लगे हैं। स्कूल में लड़कों की उद्दंडता, अध्यापकों के प्रति असम्मानजनक व्यवहार, पढ़ाई की उपेक्षा, फैशन और अन्य शौकों में बढ़ती प्रवृत्ति जैसे दोष आम हो गए हैं। इससे चरित्र निर्माण न होकर चरित्र का पतन अधिक हो रहा है। बड़ी आयु के ऐसे लड़के, सीधे और सुशील स्वभाव के बालकों को भी छेड़ने, तंग करने और उनके चरित्र को गिराने में नहीं चूकते।

अब मां-बाप इतने व्यस्त रहते हैं कि उन्हें अपने बच्चों की गलत आदतों को पकड़ने का अवकाश ही नहीं मिलता, फिर भला वे कैसे बच्चों की ठीक-ठीक देखभाल कर उन्हें सुमार्ग पर चलने की प्रेरणा दें? अध्यापकों के पास वैसे ही छात्रों की इतनी अधिक संख्या होती है कि वे उनके व्यक्तिगत कार्यकलापों पर ध्यान नहीं दे पाते।

अनेक घरों में तो छोटे-छोटे बालक के मुंह से अश्लील शब्दों को सुनकर हंसने और उन्हें छेड़-छेड़कर अपना मनोविनोद करने की प्रवृत्ति देखी जा सकती है। कुछ मां-बाप तो छोटे बच्चों को अनजान समझकर उनके सामने ही दांपत्य जीवन संबंधी बातचीत या व्यवहार करते रहते हैं। उन्हें यह नहीं मालूम कि 21वीं सदी में जा रहा बच्चा टी.वी. और सिनेमा देख-देखकर समय से पूर्व की सारी बातें समझने लगा है।

मनोरंजन के नाम पर टी.वी. और सिनेमा का चलन इतना बढ़ गया है कि अब घर बैठे 24 घंटे सिनेमा और विदेशी चैनलों पर अर्ध नग्न चित्रों की भरमार देख सकते हैं। जब बड़े ऐसे दृश्यों से युक्त चैनल देखेंगे, तो निश्चित ही घर के बालकों पर इसका दुष्प्रभाव पड़ेगा। इन दुष्प्रभावों के परिणाम का अनुमान आप आज के युवाओं के चरित्र और स्वास्थ्य को देखकर आसानी से लगा सकते हैं।

अश्लील पुस्तकों और पत्रिकाओं का प्रभाव भी नई उम्र के बालकों और युवाओं पर पड़ रहा है, जिससे उनका चारित्रिक पतन बढ़ गया है। इनके प्रभाव से वीर्य हानि करने वाली शिक्षा प्राप्त कर वे अपना शारीरिक पतन करना भी शुरू कर देते हैं।

किशोरावस्था से बालकों में मानसिक और शारीरिक पविर्तन होना शुरू हो जाते हैं, क्योंकि उनमें पुरुषत्व के लक्षणों के अलावा प्रजनन ग्रंथियों में वीर्य बनने लगता है। शुक्र कणों से नव-जीवन उत्पन्न होने की शक्ति आने लगती है। दाढ़ी, मूंछें व गुप्तांगों पर बाल आने शुरू हो जाते हैं। यौवन में प्रवेश का यह बड़ा नाजुक समय होता है। ऐसे समय में अनेक विद्यार्थी कुसंगति में पड़कर कई तरह की दुष्प्रवृत्तियों में संलग्न हो जाते हैं और अप्राकृतिक ढंग से वीर्य नाश करने लगते हैं।

किशोरावस्था में स्कूल के लड़के-लड़कियों की संकल्प शक्ति इतनी दृढ़ नहीं होती कि वे अपनी अप्राकृतिक कामोत्तेजना पर नियंत्रण कर सकें। जहां सह शिक्षा की व्यवस्था होती है, वहां अपनी-अपनी उत्तेजना को शांत करने के लिए अस्वाभाविक उपायों का सहारा लेकर लड़के-लड़कियां इसके मोहक जाल में फंस ही जाते हैं।

ब्रह्मचर्य पालन न करने से हानियां

प्राचीन ऋषि-मुनियों से लेकर आधुनिक चिकित्सक तक सभी ये मानते हैं कि वीर्य शरीर में शक्ति और ओज पैदा करता है, इसलिए जीवन के पहले 25 वर्षों तक इसकी रक्षा की जानी चाहिए। आप जानते हैं कि वीर्य की रक्षा

करने में शरीर शक्तिशाली बनता है, जिससे आप बाद के वर्षों में उम्र भर स्वस्थ रहते हैं। कामुक उत्तेजनाओं की तरफ ध्यान न जाने से आप पूरे मन से अपनी पढ़ाई में लगे रहते हैं। इस समय अर्जित किया गया ज्ञान जीवन भर आपके काम आता है। इसके विपरीत यदि आप ब्रह्मचर्य के पालन में कमी बरतते हैं, तो आपका शरीर और मस्तिष्क कम उम्र में ही कमजोर हो जाएगा, जिससे आपको जीवन भर परेशानी का सामना करना पड़ेगा। ब्रह्मचर्य का पालन न करने वाले किशोर और युवाओं का शरीर कमजोर हो जाता है, उनके कार्य करने की शक्ति घट जाती है, पाचन शक्ति कमजोर हो जाती है, रोगों से लड़ने की शक्ति कम होने से बीमारियां जकड़ लेती हैं, साहस और हिम्मत घट जाती है, कठिनाइयों से घबराहट होती है, उत्साह, आत्मविश्वास और दृढ़ निश्चय जैसे गुणों का प्रभाव नष्ट हो जाता है, चेहरे की रौनक चली जाती है, गाल पिचक जाते हैं, आंखें गड्ढे में धंस जाती हैं, स्मरण-शक्ति कमजोर हो जाती है, बुद्धि मंद पड़ जाती है, थोड़े से कार्य से शरीर और मस्तिष्क थक जाता है, मन में हीन भावना घर कर लेती है। वे अपने से बड़ों से आंख मिलाकर बातें नहीं कर पाते, आंखें जमीन में गड़ाकर बात करते हैं, किसी काम में मन नहीं लगता, एकाग्रता जाती रहती है, स्वभाव चिड़चिड़ा, क्रोधी और रूखा हो जाता है। अश्लील साहित्य, नग्न फोटो देखने में रुचि बढ़ जाती है। सिर, कमर और छाती में दर्द रहने लगता है। रीढ़ की हड्डी का झुकना तथा आंखों के सामने अचानक अंधेरा छा जाना जैसी अनेक तकलीफें होने लगती हैं।

सफलता आपके कदम चूमेगी

ऊपर बताए गए दुष्परिणामों से बचना चाहते हो, तो ब्रह्मचर्य का पालन करने की प्रतिज्ञा करें, साथ ही दृढ़ निश्चय से इस पर अमल भी करें। स्वाद पर नियंत्रण रखने का प्रयास करें। दूध, दही, फल, कच्ची सब्जियां, कच्चा अंकुरित अनाज, दलिया, सादा भोजन, कम मिर्च-मसालों से युक्त भोजन का अधिक सेवन करें। आजकल भोजन इतना अप्राकृतिक हो गया है कि इनके सेवन से काम वासना बढ़कर भोग की इच्छा जागृत करती है। राजसी और तामसी भोजन जैसे—चाय, कॉफी, सोडा, पान, तंबाकू, गुटखा, मांस, अंडा, शराब, प्याज, लहसुन, मिर्च-मसाले, खट्टा, तीखा, चटपटा, पकौड़ी, कचौरी, नमकीन आदि के अधिक सेवन का चलन आम हो गया है। इनसे बचने का प्रयास करें। यदि सेवन करते हो, तो कम करके छोड़ दें। इनसे कामोत्तेजना बढ़ती है।

अश्लील साहित्य न पढ़ें और नग्न चित्रों की किताबों से दूर रहें। कोई मुफ्त में भी पढ़ने को दे, तो भी न पढ़ें। प्रेम कहानियां, भद्दे गीत, सिनेमा संबंधी

पत्रिकाएं या अन्य कामोत्तेजक सामग्री को देखने-सुनने से बचें। अच्छी प्रेरक, ज्ञानवर्धक, मनोरंजक पुस्तकों को ही अपना मित्र बनाएं। सुख-दुख में, विषम परिस्थितियों में ऐसी पुस्तकें आपको मार्गदर्शन देंगी, मानसिक शांति प्रदान करेंगी और आचरण की सभ्यता सिखाएंगी।

टी.वी. पर विदेशी चैनलों पर दिखाई जाने वाली वयस्क फिल्में व हिंदी फिल्में भी देखना छोड़ दें। आजकल नायिकाओं को इतने कम और छोटे वस्त्रों में देखकर अकसर युवाओं की कामवासना प्रदीप्त हो उठती है और मन के विचार दूषित होने लगते हैं, जो पतन का कारण बनते हैं।

अपने को पढ़ाई और दूसरे घरेलू कामों में इतना व्यस्त रखें कि न तो अश्लील साहित्य पढ़ने का मौका मिले और न ही टी.वी. पर पिक्चर वगैरह देखने का। व्यस्तता के कारण आपके मन को दूषित होने का मौका नहीं मिलेगा। आलसी व्यक्ति को कामदेव पटक-पटक कर मारता है। उद्योग करते रहने से नीच वासनाएं स्वयं ही दबकर नष्ट हो जाती हैं।

ऐसे दोस्तों, साथियों का साथ छोड़ दें, जो आपको गंदी बातें सिखाते हैं, गंदा साहित्य पढ़ने को देते हैं या गंदे कार्यों के लिए प्रेरित करते हैं। ध्यान रखें कि आपके मित्रों के कुविचारों का प्रभाव अप्रत्यक्ष रूप से आपके मन पर धीरे-धीरे ही सही लेकिन पड़ता अवश्य है।

ऐशो आराम का चस्का न लगने दें, क्योंकि आजकल का जीवन विलासप्रियता की ओर अधिक बढ़ रहा है। हर युवक फिल्मी हीरो की तरह सज-धजकर कृत्रिम उपायों को अपनाकर सुंदर बनना चाहता है। बनाव, श्रृंगार से काम उत्पन्न होता है और कुत्सित विचारों से इंद्रियों में अनावश्यक उत्तेजना हो जाती है। अतः भ्रम में डालने के लिए श्रृंगार के मायाजाल से बचें। रहन-सहन सरल अपनाएं। विद्यार्थी जीवन तपस्या का जीवन है। जो छात्र इस उम्र में अपने को नियमित रखकर पढ़ाई में ध्यान लगाते हैं, वे अवश्य ही मेरिट में स्थान पाते हैं। जो छात्र इस समय की कीमत नहीं समझते और रास्ते से भटक जाते हैं, वे पढ़ाई में तो पिछड़ते ही हैं, अपना भावी जीवन भी बरबाद कर बैठते हैं।

❑❑

अपने खान-पान पर ध्यान दें

> अधिक भोजन रोगकारक होता है तथा आयु को कम करता है।
> —मनुस्मृति
>
> मनुष्य को भोजन तभी करना चाहिए जब पहले से किया हुआ भोजन पच जाए। अपच में भोजन कभी नहीं करना चाहिए। पहले किए गए भोजन के बिना पचे ही दुबारा भोजन करने वाले पर निश्चित रूप से रोगों का आक्रमण होता है।
> —आयुर्वेद
>
> हमारा आहार ऐसा हो, जिससे हमारी बुद्धि, अवस्था और बल में निरंतर वृद्धि होती रहे।
> —ऋग्वेद

हमारे शरीर में होने वाली दैनिक टूट-फूट की मरम्मत में आहार की महत्त्वपूर्ण भूमिका होती है। उदर में जाकर हमारा आहार पाचक रसों से मिलकर रस, रक्त, मांस, मेद, अस्थि, मज्जा और वीर्य का निर्माण कर शरीर में ओज, मजबूती और कार्यशक्ति प्रदान करता है। भोजन शरीर को पोषण के अलावा ऊर्जा देता है, ताकि हम कार्य कर सकें। उत्तम आहार के बल पर ही शरीर स्वस्थ, मजबूत और निरोगी रहता है।

शुद्ध भोजन करने से सात्विकता आती है और स्मरण शक्ति बढ़ती है। स्मरण शक्ति से ही हमें ज्ञान की प्राप्ति होती है। ज्ञान से हमारा अज्ञान दूर होकर सारी सफलताओं का रास्ता खुल जाता है। जो विद्यार्थी स्वाद के चक्कर में पड़कर गरिष्ठ, चटपटा, स्वादिष्ट, तामसिक भोजन नियमित रूप से करते हैं और भूख से ज्यादा भोजन करते हैं, उनके शरीर में अनेक रोग उत्पन्न होकर शरीर को रोगी बना देते हैं और चित्त की स्थिरता में व्यवधान उत्पन्न करते हैं।

भोजन दोनों समय नियत समय पर करना चाहिए। इससे भोजन को पचने के लिए पर्याप्त समय मिल जाता है। बेसमय भोजन करते रहने की आदत से पाचन क्रिया गड़बड़ा जाती है और अनेक प्रकार की पेट की तकलीफें पैदा हो जाती हैं। बहुत देर भूखे रहने से वायु के प्रभाव से जठराग्नि शांत हो जाती है। ऐसे में किया गया भोजन देर से पचता है और फिर दोबारा भोजन की इच्छा नहीं होती।

भोजन का महत्त्व

इसमें कोई दो मत नहीं कि बिना आहार के संसार का कोई भी व्यक्ति जीवित नहीं रह सकता। हम भिन्न-भिन्न खाद्य पदार्थों का सेवन इसलिए करते हैं कि शरीर को स्वस्थ एवं पुष्ट बनाए रखते हुए निरोग जीवन व्यतीत कर सकें। शरीर अपना कार्य सुचारु रूप से करता रहे। वास्तव में भोजन करने की आवश्यकता इसीलिए है कि भिन्न-भिन्न शारीरिक और मानसिक अंग हृष्ट-पुष्ट एवं दृढ़ बने रहें, इनके द्वारा संचालित क्रियाएं ठीक प्रकार से हों और हम जीवन भर स्वस्थ व निरोग रह सकें।

चूंकि विद्यार्थी अधिक दिमागी काम करते हैं और शारीरिक काम कम करते हैं। अतः उन्हें ऐसे खाद्य पदार्थों का सेवन अधिक करना चाहिए, जिनसे दिमाग को अधिक ताकत मिले। अन्य सामान्य खाद्य पदार्थों का सेवन करने से शरीर तो पुष्ट हो जाता है, लेकिन दिमागी काम अधिक करने से दिमाग कमजोर होने लगता है।

कहा गया है कि 'जैसा अन्न वैसा मन', अर्थात जिस प्रकार का भोजन आप करेंगे, बुद्धि भी उसी प्रकार की हो जाएगी। जहां मांसाहारी व्यक्ति प्रायः कठोर दिल के होते हैं, वहीं शाकाहारी व्यक्ति नरम दिल के होते हैं। उनकी बुद्धि अधिक ग्रहणशील होती है। चूंकि विद्या प्राप्ति में नम्रता का गुण होना आवश्यक होता है और वह नम्रता शाकाहारी भोजन से ही आ सकती है।

परीक्षार्थियों को चाहिए कि परीक्षा के दिनों में हलका भोजन करें, ताकि पढ़ाई में मन अधिक लगे और आलस्य न आए। स्वाद के वशीभूत होकर आवश्यकता से अधिक भोजन न करें, क्योंकि इससे आलस आएगा और अध्ययन में मन नहीं लगेगा। अतः भूख से कम ही भोजन करने की आदत बनाएं।

प्रातःकाल दैनिक क्रियाओं से निवृत होकर विद्याध्ययन करना सर्वोत्तम माना जाता है, क्योंकि रात भर की निद्रा और विश्राम के कारण इस समय मस्तिष्क शांत और प्रसन्न रहता है। अतः सरलता से याद हो जाता है।

सुबह का नाश्ता जरूरी

वाल्टीमोर एवं फिलाडेल्फिया में हार्वर्ड के वैज्ञानिकों द्वारा किए गए शोध से यह निष्कर्ष निकला है कि सुबह का नाश्ता करने वाले स्कूली बच्चों में दिन भर सक्रियता एवं दिमागी ताजगी रहती है। उनमें आलस और मनोवैज्ञानिक तनाव कम होने के साथ ही दिन में कुछ भी अंट-शंट खाने की प्रवृत्ति भी घटती है।

हार्वर्ड के वैज्ञानिक जे. माइकेल मर्फी के मतानुसार सुबह का नाश्ता करने वाले बच्चे कक्षा में अधिक सजग पाए गए, गणित में उनको अच्छे अंक मिले एवं उनकी व्यावहारिक व मनोवैज्ञानिक समस्याएं महत्त्वपूर्ण ढंग से कम हो गईं इससे साबित होता है कि मस्तिष्क एवं खाद्य पदार्थों में गहन संबंध होता है।

हांगकांग में किए गए एक सर्वे के अनुसार जो बच्चे नाश्ता नहीं लेते हैं उसका असर शरीर के अलावा उनके सालाना रिजल्ट पर भी पड़ता है। इसके अलावा वे अपनी कक्षा में भी सुस्त हो जाते हैं और उनका आत्मविश्वास भी कम हो जाता है। उनमें अवसाद के लक्षण भी पाए गए हैं।

भोजन कैसा हो

सुबह के नाश्ते में दूध या दही की लस्सी एक गिलास, 2 ब्रेड के पीस या एक अंडा या एक परांठा या एक फल लिया जा सकता है। दोपहर के भोजन में दाल, चपाती, हरी सब्जी, चावल, दही और सलाद लिए जा सकते हैं। अल्पाहार में 4 या 5 बजे गुड़ और भुने हुए चने या अंकुरित मूंग के बाद चाय, दूध, लस्सी या फलों का ताजा रस इच्छानुसार लिए जा सकते हैं। रात्रि भोजन के तुरंत बाद न सोकर, कम से कम दो घंटे बाद सोना चाहिए।

अधिक भोजन

हमारे देश में ऐसे लोगों की कमी नहीं है, जो अपने दैनिक जीवन में स्वयं तो अधिक खाना खाते हैं और दूसरों को भी अधिक खाना खाने के लिए प्रेरित करते रहते हैं। आम धारणा यह है कि जितना अधिक भोजन किया जाएगा, उतना ही वह ताकत देगा, शरीर को पुष्ट बनाएगा। मां-बाप इसीलिए अपने बच्चों को कोशिश कर अधिक से अधिक भोजन खिलाने की चेष्टा करते हैं, जबकि वास्तविकता यह है कि अधिक और पुष्टिकारक भोजन करने वालों की अपेक्षा थोड़ा और सादा भोजन करने वाले ही अधिक शक्तिशाली और बड़ी आयु के होते हैं।

नुकसान

चिकित्सकों का मत है कि अगर अमृत को भी उचित से अधिक मात्रा में सेवन किया जाए तो वह विष का काम करेगा। ठीक वैसे ही पाचन शक्ति से अधिक किया गया भोजन पोषक होने की बजाय शोषक सिद्ध होता है।

आयुर्वेदिक मतानुसार पेट का आधा भाग आहार से भरें, चौथाई को पानी के लिए और शेष चौथाई को हवा के लिए खाली रहने दें। इस नियम से भोजन करने वालों के पेट में बराबर हलकापन अनुभव होता रहेगा, जबकि आवश्यकता से अधिक भोजन करने वालों की स्फूर्ति चली जाती है।

अजीर्ण की शिकायत

स्वाद के चक्कर में पड़कर अकसर हम स्वादिष्ट भोजन जल्दी-जल्दी खाते हैं और बिना अच्छी तरह चबाए ही निगल जाते हैं। इससे अपच की शिकायत पैदा हो जाती है। अति शीघ्रता से खाए गए भोजन का न तो स्वाद मिल पाता है और न ही उसका छोटे-छोटे कणों में विभाजन हो पाता है। अत: हमारे आमाशय को अधिक कार्य करना पड़ता है। दुष्परिणाम स्वरूप अजीर्ण की शिकयत शुरू हो जाती है। पाचन क्रिया पूर्ण होने में भी विलंब होता है।

अजीर्ण के कारण छाती में जलन, सिर में भारीपन, जी मिचलाना, खट्टी डकारें आना, पेट में दर्द, पेट फूलना, मुंह में पानी भर आना, पेट में गैस का अधिक बनना, पेट में भारीपन और पेट का पत्थर जैसा कड़क हो जाना आदि लक्षण उत्पन्न हो जाते हैं।

बादाम और घी

बहुत से परीक्षार्थियों के मन में यह गलत धारणा बैठी होती है कि इन दिनों बादाम और घी खाने को मिले तो दिमाग पढ़ाई में अधिक चलता है। जबकि वास्तविकता यह है कि विद्याध्ययन में रुचि (दिलचस्पी) की आवश्यकता अधिक होती है। हां, भोजन में पौष्टिक चीजें सेवन करने से दिमागी काम में सहायता जरूर मिलती है।

बाजारू चीजें खाने से बचें

परीक्षा के दिनों में जहां तक हो सके बाजार और घर की बनी बेसन, मैदे की बनी चीजें, जैसे नमकीन, पकौड़े (भजिए), बड़े, बताशे, चाट आदि का सेवन नहीं करना चाहिए। इनसे पेट खराब होकर दस्त लग सकता है, अत: इनसे बचाव जरूरी है।

क्या सेवन करें

छात्रों को चाहिए कि सभी प्रकार की गरिष्ठ मिठाइयों के सेवन से बचकर दूध, दही, फल का अधिक सेवन करें। दिमागी काम करने वाले विद्यार्थियों के लिए लौकी (घिया) को सर्वोत्तम माना गया है। इसका नित्य सेवन किया जा सकता है। मौसम के अनुसार टमाटर, ककड़ी, गाजर, पालक, अमरूद, सेब, अंगूर पपीते में से जो भी आसानी से सस्ते उपलब्ध हों, उनका नियमित सेवन करना स्वास्थ्य के लिए उत्तम होता है।

खाली पेट से नुकसान

अनेक परीक्षार्थी बिना कुछ खाए-पीए खाली पेट ही परीक्षा देने पहुंच जाते हैं। इससे उन्हें परीक्षाहाल में कमजोरी, चक्कर आना, घबराहट, उल्टियां आना जैसी तकलीफों का सामना करना पड़ता है। अत: कुछ न कुछ नाश्ता, जैसे— ब्रेड, मक्खन, दही परांठा, रात के भीगे कच्चे चने आदि थोड़े से खाकर दूध और आंवले का मुरब्बा सेवन करना चाहिए, ताकि खाली पेट से होने वाली तकलीफों से बचा जा सके और दिमाग भी स्वस्थ एवं शांत रह सके।

❏❏

पढ़ाई के दौरान आंखों का ख्याल रखें

विद्वानों ने आंखों को चरित्र और हृदय का दर्पण कहा है, क्योंकि जो बातें हम मुंह से कह नहीं पाते, वे सब आंखें प्रकट कर देती हैं। हमारी आंखें करुणा, स्नेह, भय, आश्चर्य, प्रीति, उदासी, शोक, हर्ष आदि की भाव दशा को भी प्रकट करने में सक्षम होती हैं। आंखों के बारे में यह भी कहा जाता है कि मन जैसा राजा और आंखों जैसा मंत्री कहां हो सकता है? आंखें जैसी सलाह या सुझाव मन को देती हैं, मन उसी के अनुरूप निर्णय लेता है।

ध्यान रखें कि आपके व्यक्तित्व को निखारने में आंखों का महत्त्वपूर्ण स्थान है। चेतना अंगों में दृष्टि बहुत मूल्यवान है। इसीलिए कहा भी गया है कि आंख है तो जहान है। व्यक्ति अपने ज्ञान का 9/10 भाग आंखों के द्वारा ही प्राप्त करता है। अत: आंखें प्रत्येक व्यक्ति के लिए बहुमूल्य और नाजुक अंग हैं। ये अधिक समय तक स्वस्थ बनी रहें और अपना कार्य सुचारु रूप से करती रहें, इसके लिए जरूरी है कि हम आंखों का पूरा ध्यान रखें। यूं तो प्रकृति ने आंखों की रक्षा के लिए अस्थि का कोटर प्रदान किया है, जिसके अंदर स्वतंत्रापूर्वक नेत्र गोलक घूम सकते हैं। पलकों द्वारा आंखों को सुरक्षा प्रदान की गई है। आंसू की बदौलत आंखें नम तथा चिकनी बनी रहती हैं।

पढ़ाई के दौरान आंखों पर सबसे अधिक जोर पड़ता है। अत: उनकी रक्षा के लिए निम्नलिखित उपायों को अपनाना चाहिए :

- आंखों के लिए उपयुक्त प्रकाश का विशेष महत्त्व है। अलग-अलग प्रकार का प्रकाश आंखों के लिए जहां लाभदायक हो सकता है, वहीं हानिकारक भी हो सकता है। दिन का प्रकाश पढ़ाई के लिए सर्वोत्तम होता है। कृत्रिम प्रकाश दिन के प्रकाश के मुकाबले अच्छा नहीं होता। सूर्य की एकदम तेज रोशनी में नहीं पढ़ना चाहिए। तेज रोशनी से आंखों को हमेशा बचाना चाहिए।

चलसी बस, ट्रेन में, लेटकर, कम रोशनी में नहीं पढ़ना चाहिए। पढ़ते वक्त अपनी पुस्तक को आंखों से 14 से 16 इंच की दूरी पर रखें। पुस्तक का झुकाव 45 से 70 डिग्री के बीच होना चाहिए। कमरे में प्रकाश समान रूप से फैले, रोशनी सामने से आंखों पर न आए, इसका ध्यान रखें। बल्ब की अपेक्षा ट्यूब लाइट की रोशनी अच्छी होती है। कमरे की दीवारों और छत पर हलके रंग होने चाहिए, जिससे प्रकाश ज्यादा परिवर्तित न हो और आंखों पर जोर न पड़े। आम आदमी की तुलना में वृद्ध लोगों को कुछ ज्यादा रोशनी की जरूरत होती है।

- शरीर थक जाने पर पढ़ना आंखों के लिए अहितकर होता है। अत: पूर्ण विश्राम कर या नींद लेकर फिर पढ़ें।

- अधिक रात्रि तक जागकर कृत्रिम रोशनी में पढ़ना आंखों के लिए नुकसानदेह होता है। नींद आ रही हो और जबरन पढ़ा जाए, तो यह अधिक नुकसानदेह होगा।

- किसी उग्र अथवा क्षयकारी रोग के बीच या आरोग्य लाभ के दौरान आंखों का अधिक उपयोग अध्ययन हेतु करना अहितकर होता है।

- उपन्यास, पत्रिकाएं, पाठ्य पुस्तकें तेज गति से पढ़ने से आंखों पर काफी जोर पड़ता है। अत: पढ़ने की गति सामान्य रखें।

- कभी सूर्य की ओर घूरकर नहीं देखना चाहिए। सूर्य और चंद्र ग्रहण के समय भी सीधे आंखों से देखने से नेत्र ज्योति प्रभावित होती है।

- आंखों को तेज धूप, धूल के कणों, तेज प्रकाश से बचाने के लिए अच्छे किस्म के गॉगल का प्रयोग करना चाहिए। उनकी बनावट में कांच का इस्तेमाल होना चाहिए न कि प्लास्टिक का।

- कभी भी टकटकी लगाकर लगातार नहीं पढ़ना चाहिए। इससे आंखों पर काफी जोर पड़ता है और लगातार जोर पड़ते रहने से आंखें कमजोर हो सकती हैं। पढ़ते समय थोड़े-थोड़े समय के अंतर में पलक अवश्य झपकाते रहें। प्रत्येक तीसरी या चौथी पंक्ति पढ़ने के बाद पलक झपकाइए। कुछ दिनों की प्रैक्टिस से यह क्रिया स्वभाव में आ जाएगी। प्रत्येक स्वस्थ व्यक्ति की पलकें प्राकृतिक रूप से अपने समय पर झपका करती हैं। पलक झपकाने की प्रैक्टिस करते रहने से आंखों पर जोर नहीं पड़ता।

- आंखों में काजल, सुरमा लगाने में सावधानी बरतनी चाहिए। घटिया कंपनी के बने काजल, सुरमे, आंखों को नुकसान पहुंचाते हैं। अत: प्रसिद्ध कंपनी के बने काजल, सुरमे का ही प्रयोग करें। आंखों की ज्योति बढ़ाने के लिए

शुद्ध शहद लगाना उत्तम होता है। इससे आंखों की गंदगी भी बाहर निकल जाती है।

- आंखों की थकान दूर करने के लिए प्रतिदिन प्रात: ही ठंडे पानी के छींटे आंखों में मारें और पानी से भरे टब में आंखें डुबोकर खोले रखने का अभ्यास करें। इससे आंखों को अधिक कार्य करने की क्षमता प्राप्त होगी। यूं भी ठंडा जल आंखों के लिए टॉनिक के समान गुणकारी होता है।

- रात को सोने से पहले हाथ, पांव और आंखों को धोकर कुल्ला करें, फिर पांवों के तलवों में सरसों के तेल की मालिश करें। ऐसा करते रहने से आंखें स्वस्थ रहती हैं और उनके अनेक विकार दूर हो जाते हैं।

- लगातार पढ़ने से आंखें लाल हो गई हों, उनमें जलन और पीड़ा हो रही हो या ऊब से आंखें थक गई हों, तो आंखें बंद कर चित्त लेटकर शव आसन करें। फिर गहरी सांसें लेकर हरे-भरे पेड़ों को देखें। आंखों पर ठंडा पानी छिड़कें। आंखें मूंदकर थोड़ा विश्राम करें। थोड़ी ही देर में सारी तकलीफें दूर हो जाएंगी।

- शीर्षासन करने से मस्तिष्क ताजा हो जाता है और नेत्र ज्योति बढ़ती है। बड़ी उम्र तक रोग प्रतिकारक शक्ति सुरक्षित रहती है। इस आसन को करते समय आंखें बंद रखें और किसी योग्य योगाचार्य से सीखकर ही इसे करना चाहिए।

- प्रतिदिन प्रात:काल हरी घास पर नंगे पैर चलने से और हरियाली देखने से आंखों की ज्योति को बहुत लाभ पहुंचता है।

- आंखों को स्वस्थ रखने के लिए कब्जियत की शिकायत न होने दें। इसे दूर करने के लिए छाछ, अमरूद, पपीता, टमाटर या नीबू का सेवन अधिक करें।

- आंखों की ज्योति बढ़ाने के लिए रात्रि में 10 बादाम की गिरी पानी में भिगो दें और सुबह पीसकर दो चम्मच मक्खन और एक चम्मच मिसरी के साथ मिलाकर रोजाना खाएं। ऊपर से एक कप दूध सेवन करने से इच्छित लाभ अवश्य मिलता है।

- आंखों की ज्योति ज्यों की त्यों बनी रहें, इसके लिए विटामिन 'ए' युक्त खाद्य पदार्थों का सेवन अधिक लाभदायक होता है। दूध, मक्खन, छाछ, घी, कॉड, लीवर आइल, पके आम, गाजर, पपीता, अंजीर, संतरा, खजूर, सोयाबीन, पालक, करेला, टमाटर, तरबूज, पत्तागोभी में विटामिन 'ए' की पर्याप्त मात्रा मिलती है। इस विटामिन के अभाव में रतौंधी (रात में न

दिखना), धुंधले प्रकाश में कम दिखाई पड़ना, आंखें सुस्त व निस्तेज होना, जैसी अनेक तकलीफें हो जाती हैं।

- विटामिन 'बी' की कमी से आंखों में दर्द होना, उनसे पानी गिरना, आंखों में जलन होना आदि तकलीफें होती हैं। इन्हें दूर करने के लिए दूध, अंडा, दही, संतरा, केले, अंगूर, गाजर, मूली, करेला, गोभी, नारियल, बादाम, मूंगफली, मूंग आदि का सेवन करना चाहिए।

- विटामिन 'सी' की कमी से आंखें जल्दी थक जाती हैं, आंखों में भारीपन का होना जैसी तकलीफें होती हैं। उन्हें दूर करने के लिए खट्टे-मीठे फल, जैसे- आंवले, संतरे, मुसम्मी, अमरूद, नीबू आदि का सेवन करना चाहिए।

- आपको पढ़ते वक्त सिरदर्द की तकलीफ होती हो, अक्षर स्पष्ट पढ़ने में न आते हों, आंखें कमजोर हो गई हों, तो जांच करवा कर चश्मा अवश्य बनवा लें। उसे नियमित लगाएं। आंखों की तकलीफ फिर भी बनी रहे, तो डॉक्टर से चेकअप जरूर करवा लें। इस संबंध में लापरवाही बरतना आंखें खराब होने का कारण बन सकता है। पढ़ाई भली प्रकार करने के लिए आंखों का स्वस्थ होना बहुत आवश्यक है।

❏❏

स्वास्थ्य के नियमों का पालन करें

> जिसके पास स्वास्थ्य है, उसके पास आशा है और जिसके पास आशा है, उसके पास सब कुछ है।
> —अरबी लोकोक्ति
>
> प्रथम महान संपत्ति है—सुंदर स्वास्थ्य
> —इमर्सन
>
> शरीर को रोगी और दुर्बल रखने के समान दूसरा कोई पाप नहीं है।
> —लोकमान्य तिलक
>
> मनुष्य की दशा उस घड़ी के समान है, जो ठीक तरह से रखी जाए तो सौ वर्ष तक काम दे सकती है और यदि लापरवाही से रखी जाए, तो जल्दी बिगड़ जाती है।
> —स्वेट मार्डेन

याद रखें, आपकी समस्त सफलताओं का आधार है, आपका उत्तम स्वास्थ्य। जो विद्यार्थी स्वास्थ्य के नियमों का पालन करके शरीर की रक्षा करते हैं, वे ही इस संसार में सुख, आनंद और सफलता प्राप्त करते हैं। इसके विपरीत जो विद्यार्थी स्वास्थ्य के नियमों के पालन में लापरवाही बरतते हैं, वे अस्वस्थ, बीमार रहकर चिंतित, दु:खी और अपने लक्ष्य की सफलता की अनुभूति से वंचित रहते हैं। अत: अपने स्वास्थ्य के प्रति सदैव जागरूक रहें, ताकि आप मेरिट लिस्ट में आने के लक्ष्य में पूर्ण सफलता पा सकें। यहां स्वस्थ एवं निरोग जीवन व्यतीत करने के लिए कुछ नियमों की जानकारी दी जा रही है, जिनका पालन कर आप अपना स्वास्थ्य उत्तम बनाए रख सकते हैं :

- सुबह सूर्योदय से दो घंटे पहले उठें। नित्य क्रियाओं से निपट कर कुछ किलोमीटर की सैर अवश्य करें। इससे शरीर में स्फूर्ति, शक्ति और प्रसन्नता

दिन भर बनी रहेगी। देर से उठने वालों के शरीर में आलस्य छाया रहता है और मन में प्रसन्नता का अभाव देखने को मिलता है।

- रात में तांबे के लोटे में सादा जल रखें। सुबह मुंह-हाथ धोकर इस जल को एक गिलास नियमित पीने से कब्ज की शिकायत नहीं होती और सुबह शौच की हाजत समय पर लगती है।

- मुंह की सफाई के लिए नियमित रूप से मंजन या टूथपेस्ट का इस्तेमाल करें।

- नियमित रूप से शरीर की मालिश करने से खून की गरमी बढ़कर दौरा तेज हो जाता है, जिससे सारे अंग सशक्त बनते हैं। शरीर में स्फूर्ति और शक्ति का संचार होता है। चेहरे और त्वचा का रंग निखर कर सौंदर्य में वृद्धि होती है। अविकसित अंगों का विकास होता है। पाचन शक्ति को ताकत मिलती है और कब्ज की शिकायत नहीं होती। अत: शरीर में तेल मालिश अवश्य करें।

- व्यायाम करने से सारे शरीर में खून का दौरा तेज गति से होने लगता है, जिससे शरीर सुदृढ़ एवं शक्तिशाली बनता है। अत: स्वस्थ रहने के लिए व्यायाम करना अनिवार्य है। खून के शरीर में दौड़ने से जहां हर हिस्से को पूरा-पूरा पोषण मिल जाता है। व्यायाम, दंड बैठक लगाकर, दौड़ने, कूदने, पानी में तैरने, तरह-तरह के खेलकूद, डम्बल और जिम्नास्टिक की कसरतें, आसनों में शीर्षासन, सर्वांगासन, मयूरासन, सूर्य नमस्कार आदि करके भी पूरे किए जा सकते हैं। अपनी रुचि और सामर्थ्य का ध्यान रखकर इन्हें अपनाना चाहिए। लेकिन ध्यान रखें कि कोई भी व्यायाम इस हद तक न करें कि यह थकान उत्पन्न कर दे।

- नियमित शारीरिक स्वच्छता के लिए स्नान अवश्य करें। इससे जहां शरीर स्वच्छ होगा, वहीं भूख तथा हाजमे की ताकत बढ़ेगी। मन में प्रसन्नता, स्फूर्ति का अनुभव होगा। ठंडे पानी से किया गया स्नान अधिक गुणकारी होता है, लेकिन जिन्हें इससे तकलीफ होती है, वे गुनगुने पानी का इस्तेमाल कर सकते हैं। भोजन के बाद स्नान करना हानिकारक होता है।

- स्वस्थ रहने के लिए आहार का विशेष महत्त्व होता है। हमारे शरीर की आवश्यकता के अनुसार पौष्टिक आहार नियमित समय पर सेवन करना चाहिए। भोजन जितनी भूख हो, उतना ही करना चाहिए। आवश्यकता से अधिक ठूंस-ठूंसकर खाना हानिकारक होता है। तली, गरिष्ठ, मिर्च-मसालेदार, खटाई युक्त चीजें खाना स्वास्थ्य के लिए नुकसानदेह होती हैं। भोजन खूब चबा-

चबाकर आराम से करना चाहिए। भोजन के पहले और तुरंत बाद अधिक जल न पिएं। एक-दो घंटे बाद ही इच्छानुसार पानी पिएं। भोजन के तुरंत बाद दौड़ना, साइकिल चलाना, परिश्रम करना ठीक नहीं होता। थोड़ा विश्राम करके फिर अपना नियमित कार्य करें। रात्रि का भोजन सोने के समय से 2-3 घंटे पूर्व अवश्य कर लें, ताकि उसे पचने का पूरा मौका मिल सके और निद्रा में कोई अड़चन पैदा न हो। जहां तक हो सके दो समय के भोजन के बीच अन्य वस्तुएं न खाएं। सप्ताह में एक दिन उपवास करने से पाचन क्रिया ठीक रहती है। अत: अपने इष्टवार को उपवास रखें।

- शरीर के विष और दूषित पदार्थों को निकालने में पानी का बहुत महत्त्वपूर्ण योगदान होता है। दिन भर में कम से कम 8-10 गिलास पानी अवश्य सेवन करें। पानी जहां शरीर के सामान्य ताप को बढ़ने से रोकता है, वहीं शरीर के आंतरिक अंगों जैसे पेट, जिगर और गुर्दों के महत्त्वपूर्ण कार्यों का सुचारु रूप से चलाने में सहायता करता है। त्वचा के निखार को बढ़ाकर सौंदर्य में वृद्धि करता है। पानी हमेशा स्वच्छ और साफ ही पीना चाहिए। दूषित पानी के पीने से अनेक प्रकार की बीमारियां हो सकती हैं।

- शरीर के साथ-साथ मन और मस्तिष्क का स्वस्थ होना भी जरूरी है। इसके लिए शोक, चिंता, भय, क्रोध करने से बचें। ये आपके स्वास्थ्य के सबसे बड़े शत्रु हैं। सदा प्रसन्न और आशावादी रहें। कभी निराश न हों। दिल खोलकर हंसना स्वास्थ्य के लिए बहुत लाभदायक होता है। उन्मुक्त हास्य से खून का दौरा बढ़ता है और चेहरे पर रौनक आ जाती है। जो विद्यार्थी खुलकर हंसते नहीं, उनके चेहरे पर मनहूसियत टपकती है और वे बीमार नजर आते हैं।

- विपरीत परिस्थितियों में घबराएं नहीं, साहस और आत्मविश्वास से मुकाबला करें। स्वस्थ और सकारात्मक विचारों का ही चिंतन-मनन करें।

- विश्राम शरीर के लिए जितना आवश्यक है, उतना मस्तिष्क के लिए भी। दिन भर हर काम करते रहते हैं, जिससे शरीर और मस्तिष्क थक जाता है। थकान दूर कर पुन: शक्ति प्राप्त करने के लिए ही हमें विश्राम की जरूरत होती है। प्रकृति ने विश्राम के लिए रात्रि का समय निर्धारित किया है। नींद ही हमारी सारी थकान को दूर करके व्यय हुई शक्ति की पूर्ति करती है और दूसरे दिन नए सिरे से काम करने की क्षमता प्रदान करती है। सामान्यत: 6-7 घंटे की नींद पर्याप्त होती है। अत: स्वस्थ रहने के लिए निश्चित होकर सोएं।

- दिन में जब आप शारीरिक या मानसिक परिश्रम करते-करते थकान का अनुभव करते हैं, तो इसे दूर करने के लिए थोड़ा विश्राम कर लेना ही काफी होगा। इससे नई ताकत, नई स्फूर्ति का अनुभव होता है। अत: दोपहर के भोजन के बाद एक घंटे का विश्राम ले लेना अच्छा रहता है।

- मानसिक तनाव की स्थिति में नींद नहीं आती। बाधा रहित नींद आने के लिए जरूरी है कि आप बिस्तर पर तनाव रहित होकर सोने के लिए जाएं। सोते समय मुंह न ढकें। सोने से पूर्व पेशाब अवश्य कर लें, ताकि नींद में बाधा न पड़े। देर रात तक जागकर अपना स्वास्थ्य खराब न करें, क्योंकि इससे आंखों पर जोर पड़ता है। अत: दृष्टि कमजोर होने की पूर्ण संभावना होती है। स्मरण शक्ति का नाश होता है और प्रात:काल उठने पर आलस्य तथा बदन दर्द की शिकायत होती है। अत: स्फूर्ति के लिए रात्रि में शांति से सोएं।

- हर मौसम में मिलने वाले फलों का सेवन करना स्वास्थ्य के लिए बहुत गुणकारी होता है। फल पौष्टिक तत्वों से भरपूर होते हैं और अपने मौसम में काफी सस्ते मिलते हैं। मिठाई का अधिक प्रयोग हानिकारक होता है। चाय, कॉफी, पान, पान-मसाला, गुटखे का सेवन करने से बचें। दूध, दही, गन्ने का रस, मुसम्मी का जूस, सौंफ का सेवन करें। ये स्वास्थ्य के लिए गुणकारी होते हैं। सुखी, स्वस्थ जीवन बिताने के लिए यही कुंजियां हैं।

यदि आप इन निर्देशों का पालन करते हैं, तो निश्चित रूप से आपके शारीरिक और मानसिक शक्ति में बढ़ोत्तरी होगी। आपकी स्मरण-शक्ति बढ़ेगी। आप प्रसन्न रहते हुए अध्ययन करेंगे और स्थायी रूप से उसे याद रख सकेंगे। इससे परीक्षा की मेरिट में स्थान पाने में आप अवश्य ही सफल होंगे। अत: आज ही विधिवत अध्ययन करने के लिए लिखे गए नियमों पर अमल शुरू कर दें। साथ ही भोजन, निद्रा, मनोरंजन और व्यायाम द्वारा अपने शरीर एवं मस्तिष्क को स्वस्थ तथा प्रफुल्लित रखें। बुरी आदतों से बचें। अपने अंदर सद्गुणों का विकास करें। हमें पूरा विश्वास है कि आप अपने लक्ष्य में अवश्य सफल होंगे और एक सफल व्यक्ति का जीवन जिएंगे।

खंड तीन
स्मरण शक्ति बढ़ाएं

याददाश्त बढ़ाना आपके वश में है

> जो विद्या पुस्तक में रखी हो, मस्तिष्क में संचित न की गई हो और जो धन दूसरों के हाथ में चला गया हो, आवश्यकता पड़ने पर न वह विद्या ही काम आ सकती है और न वह धन ही।
> —*हितोपदेश*
>
> याददाश्त की शक्ति से ही व्यक्ति अधिक विचारशील समझा जाता है और उसकी बुद्धि अधिक विकसित होती है। अच्छे व्यक्तित्व के लिए अच्छी याददाश्त का होना जरूरी है। भुलक्कड़ लोग महत्त्वपूर्ण ज्ञान संचय से वंचित होकर दैनिक जीवन में नुकसान उठाते हैं।
> —*हितोपदेश*

मेरिट में आने के लिए स्मरण शक्ति का अच्छा होना बहुत जरूरी है। आजकल परीक्षा का स्वरूप भी बदल गया है। परीक्षा में वस्तुनिष्ठ प्रश्नों का चलन बढ़ गया है। एक बड़े प्रश्न के स्थान पर 10 छोटे प्रश्नों का उत्तर लिखने के लिए अधिक तेज स्मरण शक्ति का होना आवश्यक है। परीक्षा के कोर्स में भी लगातार बढ़ोतरी होती जा रही है। अतः अनेक विषयों को पढ़ना और उन्हें भली प्रकार याद रख पाना एक कठिन कार्य है। ऐसी स्थिति में आपकी स्मरण शक्ति जितनी तीव्र होगी परीक्षा में प्रश्नों को हल करने में आपको उतनी ही अधिक सफलता मिलेगी।

परीक्षा के अलावा जीवन में भी तीव्र स्मरण शक्ति की बड़ी आवश्यकता है। जितने भी महान व्यक्ति हुए हैं, उनमें तीव्र स्मरण शक्ति और तत्काल निर्णय लेने की क्षमता के विशेष गुण अवश्य रहे हैं।

बहुत से छात्रों को अपनी स्मरण शक्ति के कम होने का भ्रम बना रहता है और अधिकांश छात्र तो इसे एक कमजोरी या अवगुण मानकर अपने आपको

वास्तव में हीन भावना से भर लेते हैं तथा स्मरण शक्ति बढ़ाने के लिए तरह-तरह की दवाएं लेते हैं।

चरक संहिता में बताया गया है:—

वक्ष्यन्ते कारणान्यष्टौ स्मृतियैरूपजायते।
निमित्तरूप ग्रहणात् सादृश्यात् सविपर्ययात्॥
सत्वानुबन्धादभ्यासाज्ज्ञानयोगात् पुनः श्रुतात्।
दृष्टश्रुतानुभूतानां स्मरणात् स्मृतिरुच्यते॥

—1-148/149

स्मृति का ज्ञान होने के आठ कारण होते हैं—निमित्त से, रूप ग्रहण से, विपरीत वस्तु देखने से, स्मरण योग्य विषय में मन लगाने से, अभ्यास से, ज्ञान योग से और सुने हुए विषयों को पुनः सुनने से। देखे हुए, सुने हुए और अनुभव में आए हुए ज्ञान (जानकारियों) को याद करना स्मृति (याददाश्त) कहा जाता है। इन आठ कारणों पर विचार और अमल करते हुए ही औषधि का सेवन करें, अन्यथा उससे इच्छित लाभ नहीं मिलेगा।

स्मरण शक्ति के बारे में मनोवैज्ञानिकों की राय है कि औसत दृष्टि से अधिकांश छात्रों की स्मरण शक्ति एक जैसी होती है। बहुत कम छात्र मंदबुद्धि तथा बहुत कम छात्र ही प्रखर बुद्धि के होते हैं। चिकित्सकों की राय में अधैर्य, चिंता और कार्य का अधिक बोझ तथा ऊब हमारी स्मरण शक्ति को प्रभावित करने वाले प्रमुख कारक होते हैं। हम केवल उन्हीं बातों को भूलते हैं, जिन्हें हम भूलना चाहते हैं। जिन बातों की ओर हमारी विशेष रुचि होती है, उन्हें हम प्रायः नहीं भूलते। सभी व्यक्तियों को अपने बचपन के प्रभावी प्रसंग याद रहते हैं। अतः स्मरण शक्ति एक अर्जित गुण है, जिसका कम या तेज कर लेना हमारे ऊपर बहुत कुछ निर्भर करता है। वैज्ञानिकों का मानना है कि स्मरण शक्ति का हमारी रुचि के साथ गहरा संबंध है।

यदि कोई विद्यार्थी तीव्र स्मरण शक्ति का प्रदर्शन करता है, तो यह उसकी रुचि, एकाग्रता और मनोयोग का प्रतिफल है और किसी विद्यार्थी का पढ़ाई में फिसड्डी साबित होना यह दर्शाता है कि उसकी पढ़ाई में रुचि बिल्कुल नहीं है। अच्छी याददाश्त से ही विद्यार्थी अधिक विचारशील और बुद्धिमान समझा जाता है। अच्छे व्यक्तित्व के लिए अच्छी याददाश्त का होना जरूरी है।

भुलक्कड़ विद्यार्थी जहां महत्त्वपूर्ण ज्ञान संचय से वंचित रहते हैं, वहीं दैनिक जीवन में आवश्यक कामकाज को भूल जाते हैं और समय-समय पर नुकसान उठाते हैं।

पुनरावृत्ति का असर

वैसे आपका मस्तिष्क अनगिनत स्मृतियों को संजोकर रखने में सक्षम होता है। जिस प्रकार एक टेप रिकार्डर ध्वनियों को ग्रहण करके उसकी पुनरावृत्ति पुन: प्रसारित कर देता है, ठीक वैसे ही मस्तिष्क भी स्मृतियों को ग्रहण करके उसकी पुनरावृत्ति कर देता है। लेकिन टेप रिकार्डर के विपरीत हमारे मस्तिष्क में स्मृतियों को स्वीकारने और नकारने की प्रक्रिया दुहराती रहती है, जिसके कारण मानस पटल पर स्मृतियां अच्छी तरह अंकित हो जाती हैं। बुजुर्गों को वर्षों पुरानी घटनाएं अभी तक अच्छी तरह याद होने का कारण उसकी बार-बार पुनरावृत्ति ही होती है।

भूलना जरूरी है

कहा गया है कि विवेकपूर्ण भूलना ही उत्तम स्मृति है। मतलब यह है कि मस्तिष्क से अनावश्यक, अनुपयोगी, दूषित विचारों व तथ्यों का समय-समय पर भूलना जरूरी है। ऐसा करने से अच्छी याददाश्त को बनाए रखा जा सकता है। यदि आप हर प्रकार की बातें याद रखने लगें तो एक ऐसी अवस्था आ सकती है, जब आपके लिए कुछ भी याद रख पाना संभव न होगा। देखा जाए तो याददाश्त की तरह भूलने की आदत को भी प्रकृति ने एक वरदान के रूप में ही बनाया है। द्वेष, दुर्भाव, शोक, संताप की कटु स्मृतियां धुंधली होते-होते हम भूल जाते हैं। क्रोध, हानि, वियोग में मन को जितनी चोट पहुंचती है, यदि उसे याद रखा जाए, तो जीवन बहुत कठिन हो जाए। अत: भूलना हमारे लिए सुरक्षा कवच का कार्य करता है।

भूलने के कारण

परीक्षा के दिनों में या सामान्य अवसरों पर बहुत से विद्यार्थियों की यह शिकायत होती है कि उन्हें याद की हुई बातें अधिक समय तक याद नहीं रहतीं। ऐसा क्यों होता है? मनोवैज्ञानिकों ने भूलने के निम्नलिखित तीन प्रमुख कारण बताए हैं :

(1) प्रसंगों में अरुचि और उपेक्षा का भाव रखना, उसका महत्त्व स्वीकार न करना।
(2) किसी बात को याद रखने की पूर्ण इच्छा का न होना।
(3) विषय को पूरे मनोयोग पूर्वक समझने का प्रयत्न न करना।

इस प्रकार हम देखते हैं कि रुचि और एकाग्रता का भूलने के कारणों से गहरा संबंध है। इसके साथ ही याददाश्त की शक्ति कमजोर होने के अनेक मानसिक और शारीरिक कारण भी हो सकते हैं। जैसे—बराबर चिंतित रहना, भविष्य के प्रति शंकालु दृष्टिकोण, निकटतम व्यक्ति की मृत्यु का सदमा, भयानक या लज्जाजनक घटना, बार-बार असफल होना, मस्तिष्क का अविकसित होना, मस्तिष्क की जन्मजात विकृति, पोषण में कमी, मस्तिष्क का दुर्घटना से क्षतिग्रस्त होना, अरुचिकर विषय पढ़ना, शारीरिक अस्वस्थता, क्रोध, भय, चिंता के संवेग, क्षमता से अधिक कार्य करना, अधिक रक्तस्राव, लंबी बीमारी से पीड़ित होना, अधिक सहवास, अनिद्रा समुचित आहार न लेना, कमजोरी आदि-आदि।

कैसे बचें भूलने की आदत से

आपने अनेक विद्यार्थियों को अपने भूलने की आदत के कारण परेशान होते तथा अपनी याददाश्त को कोसते देखा होगा। इनकी शिकायत रहती है कि इन्हें तथ्य शीघ्र याद नहीं होते। यदि याद हो भी जाए, तो ये उन्हें बहुत जल्द भूल जाते हैं। वैसे तो यह बात बड़ी सामान्य लगती है, लेकिन यदि गहराई से देखा जाए तो इस प्रकार की बातों से छात्रों में हीनता की भावना पनपती है और आत्मविश्वास में कमी आती है। आत्मविश्वास की यह कमी भूलने के अवगुण को और अधिक बढ़ाती है। धीरे-धीरे यह एक आदत बन जाती है और फिर इस आदत के कारण मस्तिष्क की कार्यक्षमता में कमी आ जाती है। इसमें कोई दो मत नहीं कि याद करना मस्तिष्क का स्वभाव है, लेकिन उसके भी कुछ नियम होते हैं, बिना समझे-बूझे गलत ढंग से याद करने पर न केवल अधिक समय बर्बाद होता है, बल्कि याद की हुई पाठ्य-सामग्री स्थायी नहीं हो पाती है। यहां कुछ ऐसी ही सामान्य बातें बताई जा रही हैं, जिनको अपनाकर आप अपनी याददाश्त को बढ़ाने में मदद ले सकते हैं—

अपने लक्ष्य का स्मरण

परीक्षा की मेरिट लिस्ट में आने जैसा उद्देश्य सामने रखकर पढ़ते समय अपने मन में यह दृढ़ विचार कर लें कि फलां-फलां पाठ मुझे याद करना है। अपना यह लक्ष्य अपनी हर दैनिक क्रिया के दौरान दोहराते रहें और उसी पर ध्यान केंद्रित करते रहें। इसका परिणाम यह होगा कि आपके मन में पाठ के प्रति रुचि जग जाएगी और जब आप पढ़ेंगे, तो वह पाठ अच्छी तरह याद हो जाएगा।

गहन रुचि लें

मनोवैज्ञानिकों का कहना है कि जिस काम को आप मन लगाकर करेंगे, वह कठिन होते हुए भी आपके लिए सरल हो जाएगा और उसमें सफलता मिलेगी।

जो विद्यार्थी अपनी पढ़ाई से प्रेम करते हैं, जिस पाठ्य सामग्री को याद रखना चाहते हैं, उसमें गहन रुचि लेते हैं और तथ्यों को समझ कर याद करते हैं, तो वह पाठ्य सामग्री अधिक समय तक याद रहती है। इसके विपरीत जिन विद्यार्थियों को अपनी पढ़ाई से लगाव नहीं होता, उसमें कोई रुचि नहीं होती और पढ़ाई को भार समझते हैं, वे जो कुछ भी पढ़ते हैं, शीघ्र ही भूल जाते हैं।

मानसिक शांति का प्रभाव

घबराहट, परेशानी, मानसिक तनाव और भयभीत अवस्था में याददाश्त कमजोर पड़ जाती है। आपका मन जितना शांत, स्थिर और प्रसन्न होगा, आपकी याददाश्त उतनी ही ज्यादा अच्छी रहेगी। मन को एकाग्र कर पढ़ने और समझने से पाठ जल्दी याद होता है। अत: व्यर्थ की चिंताओं, परेशानियों को दूर कर अध्ययन, मनन और फिर याद करें। अपने दिनभर के महत्त्वपूर्ण कार्यों को डायरी में नोट करते रहें। इससे आप कार्य भूलने की चिंता से निश्चिंत होकर दिमागी तौर पर अपने आपको स्फूर्तिवान महसूस करेंगे।

पूर्ण विश्वास रखें

जितना अधिक आप अपने मस्तिष्क की क्षमताओं पर विश्वास करेंगे, आप सफलता की ओर बढ़ते जाएंगे। अपनी याददाश्त की शक्ति पर पूर्ण विश्वास करने से उसकी क्षमता कई गुना बढ़ जाती है। सकारात्मक विश्वास आपके मस्तिष्क को पोषित कर सफलता दिलाता है। मन में यह विश्वास रखें कि आपकी याददाश्त की शक्ति अद्वितीय है और संसार के महानतम व्यक्तियों के समान ही श्रेष्ठ है। फिर देखिए, आपको पढ़ी हुई पाठ्य सामग्री कितनी जल्दी याद होती है।

पहले समझें

किसी भी पाठ्य सामग्री को याद करने से पहले अच्छी तरह समझ लें। विषय को समझ कर याद करने की क्रिया ज्यादा प्रभावी होती है, इसका ध्यान रखें। ऐसी याद की गई पाठ्य सामग्री लंबे समय तक आसानी से याद रहती है। जबकि बिना समझे-बूझे, बस तोते की तरह पाठ रटने से वह शीघ्र ही याददाश्त से गायब हो जाती है और उस पर आपका किया गया सारा परिश्रम व समय नष्ट हो जाता है।

गहन चिंतन करें

जिन तथ्यों को आपने पढ़ा है, उन पर गहन चिंतन और मनन करें। जब विषय आपके मन में पूरी तरह स्पष्ट हो जाए, तभी उसे ग्रहण करें। ऐसा करने से विषय की गहरी छाप आपके मन पर पड़ेगी। मनोवैज्ञानिक मानते हैं कि किसी पाठ की कितनी गहरी छाप आपके मन पर पड़ती है, वह उतने ही अधिक समय तक याद रखता है। अकसर विद्यार्थी पढ़ने के साथ चिंतन नहीं करते हैं और पाठों की गहरी छाप जब तक मन पर पड़े, उससे पहले ही विषय को पढ़ना छोड़ देते हैं। किसी घटना का निरीक्षण करने के बाद जब आप उस पर गंभीरता से चिंतन करते हैं, तो उसकी गहरी छाप मन पर पड़ती है। यही कारण है कि वर्षों बाद भी आप उस घटना को याद कर पुनः बता देते हैं। गहरी छाप पड़ने के बाद उस अंश को मस्तिष्क में सुरक्षित रखने के लिए पढ़ी गई सामग्री को दोहराना जरूरी होता है। सुरक्षित ज्ञान की उपयोगिता तभी है, जब हमें उसकी आवश्यकता पड़े तो उसे मन में फिर से साकार किया जा सके।

दोहराना/पुनरावृत्ति

पाठ को समझकर जब याद कर लें, तो उसे स्थायी तौर पर याद रखने के लिए उसका दोहराना बहुत जरूरी होता है। बार-बार पढ़कर याद करना हमारी यूं भी आदत सी बन गई है। जितनी बार आप कोई पाठ दोहराते हैं, उसकी उतनी ही गहरी छाप दिमाग पर अंकित होती जाती है। आपने देखा होगा कि जिस कच्चे मार्ग पर बहुत से लोग आते-जाते रहते हैं, वहां पर पगडंडी का निर्माण अपने आप हो जाता है। ठीक उसी प्रकार एक मार्ग से संवेदन की धारा बराबर हमारे मस्तिष्क को मिलती रहे, तो वहां हमारा निशान बन जाता है। जब कोई कविता याद करनी हो, तो थोड़े-थोड़े समय के अंतर से, कम से कम 3-4 बार दोहराएं। कविता आसानी से याद हो जाएगी। यह प्रक्रिया जितनी बार दोहराई जाएगी, कविता उतनी ही अधिक स्थिरता से याद रहेगी।

एकाग्रता का ध्यान रखें

यदि आप मन को पूरी तरह एकाग्र करके अपना पाठ पढ़ेंगे और याद करेंगे, तो वह एक तो अच्छी तरह से आपकी समझ में आ जाएगा और दूसरे लंबे समय तक आपको याद बना रहेगा। यदि आप पूरी एकाग्रता से पाठ भी नहीं पढ़ते हैं, तो वह कभी भी ढंग से आपको याद नहीं होगा। आप चाहते हैं कि एकाग्रता का आपको पूरा लाभ मिले तो एक समय में एक ही पाठ पर पूरे मनोयोग से एकाग्र होकर याद करें। मन को अन्यत्र भटकने न दें। अन्यथा

आपकी शक्ति व्यर्थ ही चली जाएगी और इच्छित लाभ भी नहीं होगा। अत: अपनी याददाश्त को बढ़ाने के लिए आपको चाहिए कि विषय सामग्री को पूरी एकाग्रता और रुचि के साथ विस्तार से पढ़ें। उस पर चिंतन-मनन करें और पूरी तरह स्पष्ट होने के बाद उसे ग्रहण करें। इसके बाद आप याद की गई सामग्री को समय-समय पर दोहराते रहें। इससे आपको पाठ्य सामग्री भली प्रकार याद हो जाएगी। आपको चाहिए कि अपनी स्मरण शक्ति पर पूरा भरोसा रखें। अपने अंदर आत्मविश्वास पैदा करें तथा किसी भी हालत से घबराएं नहीं। इन बातों को ध्यान में रखने से आप विषय को जल्दी समझ लेंगे, वह आपको भली प्रकार याद भी हो जाएगा और आप उसे भूलेंगे भी नहीं।

❏❏

याददाश्त बढ़ाने की विभिन्न तकनीकें

> *विस्मृत वस्तुओं की स्मृति ही ज्ञान है।*
> —प्लेटो
>
> *अध्ययन हमें आनंद प्रदान करता है, अलंकृत करता है और योग्यता प्रदान करता है।*
> —फ्रांसिस बेकन
>
> *मानव का सच्चा जीवन साथी विद्या ही है, जिसके कारण वह विद्वान कहलाता है।*
> —स्वामी विवेकानंद

जब आप परीक्षा की मेरिट लिस्ट में आने का लक्ष्य रखते हैं, तो आपको पाठ याद करने की सामान्य विधियों के अलावा याददाश्त बढ़ाने की विशेष तकनीक और तरीकों को भी अपनाना होगा। तभी आप इच्छित सफलता पा सकेंगे। ये तकनीकें याददाश्त बढ़ाने में आपको विशेष सहायता पहुंचाएंगी, जिससे आप परीक्षा में अपनी श्रेष्ठता सिद्ध कर सकते हैं। बस, जरूरत इस बात की है कि इन्हें आप पूरे मनोयोग से सीखकर आत्मसात कर लें और निरंतर इनका अभ्यास करते रहें। ध्यान रखें, अभ्यास ही आपको परिपूर्ण बनाएगा। पुस्तकीय ज्ञान की अपेक्षा व्यवहार द्वारा सीखा हुआ ज्ञान अधिक समय तक याद रहता है और यही ज्ञान परीक्षा में आपकी भरपूर मदद करता है।

बातचीत के जरिए याददाश्त बढ़ाएं

कई बार ऐसा होता है कि आप कोई पाठ, चुटकुला या कहानी पढ़ते हैं, तो वह आपको काफी दिलचस्प लगती है और लगता है कि इसे कंठस्थ करना चाहिए ताकि औरों को भी सुनाकर उन पर अपना प्रभाव डाल सकें। इसी प्रकार अपने जीवन की मधुर, कटु स्मृतियां या तथ्यों को भी यदि आप याद रखना

चाहते हों, तो उसके संबंध में अपने मित्रों, सहपाठियों से मौका मिलते ही बातचीत करके उन्हें सुनाएं। ऐसा करने से न केवल आपकी याददाश्त मजबूत होगी, बल्कि बातचीत करने की आदत से आपका ज्ञान भी बढ़ता जाएगा। इससे विषय को समझने में भी सहायता मिलेगी और याद की हुई बातें आपके दिमाग में हमेशा के लिए बैठ जाएंगी।

कल्पना शक्ति का प्रयोग करें

आपको याद होगा कि बचपन में आपने मित्रों के माध्यम से अक्षरों का ज्ञान प्राप्त किया है। चित्र देखते ही आपको याद आ जाता है कि इस चित्र को क्या कहते हैं? आपको याद होगा कि जब आपको गया पर निबंध लिखना होता था, तो गाय का चित्र आपकी कल्पना-शक्ति के सामने आ जाता था। बस, फिर आप उसका पूरा वर्णन कर देते थे। ठीक उसी प्रकार अपने पाठ की कहानी, प्रसंगों की घटनाओं को कल्पना चित्र के जरिए अपने दिमाग में बैठा लें, ताकि उनका क्रमवार ध्यान करते ही पूरी कहानी, घटना क्रम आपको तुरंत याद आ जाए।

आपकी कल्पना शक्ति एक मूल्यवान पूंजी है, जो निरंतर सृजन करती रहती है। इसी सृजनशीलता को कल्पना शक्ति के बल पर श्रेष्ठता प्रदान की जाए, तो आश्चर्यजनक परिणाम होते हैं। बस, जरूरत इस बात की है कि आप अपनी कल्पना शक्ति का उपयोग जी जान से करें और एकाग्रचित्त होकर इस शक्ति को अपने अध्ययन में लगा दें।

सह संबंध और समन्वय का तालमेल बैठाएं

जो पाठ आपको याद करने में कठिन लगता हो, उसका किसी अन्य वस्तु या घटना से सह संबंध स्थापित कर अध्ययन करेंगे, तो वह पाठ आसानी से याद हो जाएगा। मन के भीतर की पुरानी याद की गई सामग्री चुंबक जैसा कार्य करती है। अत: नए तथ्य को किसी ऐसी चीज से जोड़ दें, जो आपके दिमाग में पहले से बैठी हो। तात्पर्य यह है कि किसी भी विषय की जितनी अधिक जानकारी आपके दिमाग में पहले से बैठी होगी, उतनी ही आसानी से उस विषय की नई-नई बातें आप याद रख सकेंगे।

सूत्र (फार्मूले) बनाएं

मात्र छोटा सा सूत्र याद रखकर अनेक बातों को आप उनके क्रम में याद रख सकते हैं और गंभीर बातों को भी भूलने से बच सकते हैं। जैसे इंद्रधनुष के रंगों

को क्रम से याद रखने के लिए अंग्रेजी का बनाया हुआ सूत्र 'विबग्योर' (VIBGYOR) है, इसकी मदद से रंगों का क्रम बैंगनी (VIOLET), नील (INDIGO), नीला (BLUE), हरा (GREEN), पीला (YELLOW), नारंगी (ORANGE) और लाल (RED) बनता है। इसे आसानी से एक शब्द से याद रखा जा सकता है। जबकि रटने में आपको बहुत समय लगेगा और आप इस क्रम को लिखते समय भूल भी सकते हैं। अत: आपको चाहिए कि अपनी सुविधा के अनुसार और सूझ-बूझ से पाठ्य सामग्री में से नए-नए सूत्रों का निर्माण कर, अपनी नोटबुक में उचित स्थानों पर लिखते जाएं और उन्हें समय-समय पर दोहराते रहें, ताकि वे अच्छी तरह से याद हो जाएं। इससे प्रश्नों के उत्तर लिखते समय बस एक मात्र सूत्र याद आते ही आप पूरा उत्तर क्रम से बखूबी कम समय में लिख सकेंगे। यह जरूरी नहीं है कि आपके द्वारा बनाया गया सूत्र सार्थक ही हो, आप अपनी सूझ-बूझ से निरर्थक शब्द या वाक्य की रचना भी कर सकते हैं, लेकिन ये सूत्र समझने तथा याद करने में आसान होना चाहिए।

मित्रों, सहपाठियों व परिचितों के नाम

कई बार ऐसा होता है कि आपको अपने पुराने मित्र, सहपाठी या परिचित का नाम ही याद नहीं आता और जब आप उन्हें अन्य संबोधनों से पुकारते हैं या आमना-सामना होने पर नाम याद न आने की बात कहते हैं, तो इससे सामने वाले व्यक्ति पर विपरीत प्रभाव पड़ता है और संबंधों में कटुता आती है। अत: जिसका नाम आपको याद रखना हो मन ही मन उसे दिन में कई बार दोहराते रहें। फिर नाम का सह संबंध किसी वस्तु या अर्थ से जोड़ें। उसके नाक-नक्श, चेहरे, शरीर की बनावट की कोई महत्त्वपूर्ण बात पर विशेष ध्यान दें, ताकि उसका संदर्भ दिमाग में आते ही आपको उसका नाम याद आ जाए। जैसे कालीचरण का रंग पक्का हो, तो उसका काला रंग देखकर ही आपको उसके नाम का स्मरण हो जाएगा। ऐसा ही तालमेल आप अन्य नामों के साथ बैठा सकते हैं। बस, जरूरत है तो नाम याद रखने में रस लेने की, रुचि रखने की।

दिमाग पर अनावश्यक भार न डालें

आपका मस्तिष्क शरीर का सबसे महत्त्वपूर्ण अंग है, उस पर दैनिक जीवन की छोटी-मोटी बातों का अनावश्यक भार न डालें। उसकी याददाश्त की क्षमता बनी रहे, इसके लिए यह जरूरी है कि आप दैनिक जीवन में किए जाने वाले कार्यों को अपनी पाकेट डायरी में या घर पर इंगेजमेंट पैड में नोट करके रखें। न कि याददाश्त के भरोसे दिमाग में पाले रखें और उसमें से कुछ भूलकर नुकसान उठाएं। डायरी

में नोट करने से न केवल भूलने की समस्या का निवारण होगा, बल्कि मस्तिष्क पर अनावश्यक बोझ भी नहीं पड़ेगा।

पूरा पाठ एक बार में ही याद करें

मनोवैज्ञानिकों का कहना है कि पाठ को एक बार में ही पूरा पढ़कर याद करना चाहिए न कि टुकड़ों में। इससे समय और शक्ति का नुकसान नहीं होता और अधिक सामग्री लंबे समय तक याद बनी रहती है। यह माना कि काम चलाऊ दृष्टि से टुकड़ों में पढ़कर याद करना ठीक लग सकता है, लेकिन स्थायी असर के लिए एक बार में पूरा पाठ ही याद करना श्रेष्ठ होता है। इस विधि को अमल में लाने के लिए यह जरूरी है कि पाठ में आए कठिन भागों को पूर्व में ही समझ कर सरल बना लिया जाए, ताकि लिखते समय किसी प्रकार की अड़चन न आए।

उपरोक्त विधियों को अपनाकर आप भूलने की बुरी आदत से बच सकते हैं और अपनी स्मरण शक्ति को स्थायी तथा शक्तिशाली बना सकते हैं।

याददाश्त बढ़ाने के लिए सामान्य उपचार

आपका मस्तिष्क जितना स्वस्थ होगा, आपकी याददाश्त उतनी ही स्थायी होगी। याददाश्त बढ़ाने की तकनीकें स्वस्थ मस्तिष्क अधिक सरलता से ग्रहण कर सकता है। अतः मस्तिष्क स्वस्थ और शक्तिशाली रखने के लिए भोजन संबंधी कुछ सुझाव दिए जा रहे हैं। इन नुसखों को अमल में लाकर आप अपने मस्तिष्क की कार्य क्षमता बढ़ा सकते हैं :

- रात को 6 बादाम भिगोकर सुबह उतनी ही मात्रा में मिसरी अच्छी तरह मिलाकर, एक चम्मच मक्खन के साथ नियमित रूप से कुछ माह तक खाने से दिमाग की कमजोरी दूर होती है, स्मरण शक्ति बढ़ती है, दिमाग में तरावट आती है।
- सुबह 6 बादाम, एक चम्मच मिसरी और एक चम्मच सौंफ, अच्छी तरह मिलाकर एक गिलास गुनगुने दूध के साथ कुछ माह नियमित सेवन करने से उपरोक्त लाभ मिलते हैं।
- सुबह आंवले का मुरब्बा एक चम्मच, एक गिलास दूध के साथ नियमित रूप से सेवन करने से याददाश्त बढ़ती है।
- मस्तिष्क की दुर्बलता और याददाश्त की कमी को दूर करने में आगरा का प्रसिद्ध पेठा बहुत गुणकारी पाया गया है। इसका नियमित रूप से सेवन भोजन के बाद किया जाना चाहिए।

- 3 चम्मच मक्खन में 5 काली मिर्च और एक चम्मच मिसरी मिलाकर सुबह नियमित रूप से सेवन करने से मस्तिष्क की कमजोरी दूर होकर याददाश्त बढ़ती है। शारीरिक कमजोरी भी दूर होती है।
- गुड़ और तिल के बने लड्डू प्रतिदिन दोनों समय के भोजन के बाद चबाकर खाने से मानसिक और शारीरिक दुर्बलता दूर होती है।

वैद्य की सलाह से सारस्वतारिष्ट, सीरप शंखपुष्पी, ब्राह्मी शंखपुष्पी, ब्राह्मी सत्व, अश्वगंधारिष्ट आदि में से किसी एक का सेवन कर याददाश्त की कमी, दिमागी थकावट दूर करके बुद्धि, बल बढ़ाया जा सकता है।

अमेरिकन डायटेटिक एसोसिएशन की प्रवक्ता सिण्डी थॉम्सन के मतानुसार दिमाग को चुस्त और तेज बनाए रखने में विटामिन बी-6, बी-12, आयरन व प्रोटीन काफी मददगार हो सकते हैं। ये विटामिन शरीर के ग्लूकोस को मेटाबोलाइज करने में मदद करते हैं, जो दिमाग के सबसे प्रमुख एनर्जी स्रोत हैं। इन्हें सभी तरह के अनाज, चोकरयुक्त रोटी, दूध, दही, गोश्त, अंडा आदि से प्राप्त किया जा सकता है। आयरन हमारे दिमाग के पैनेपन और सीखने की क्षमता को बरकरार रखता है, जो पालक, अंडा, गोश्त, मछली, जिगर, अंजीर, मेथी, दाल, टमाटर आदि में होता है। प्रोटीन हमारे दिमाग की क्षमता और स्फूर्ति को देर तक बनाए रखता है जो गेहूं, चना, अरहर, मटर, सोयाबीन, बादाम, काजू, मूंगफली, मसूर की दाल, तिल, चिकन, अंडा आदि से प्राप्त किया जा सकता है।

अन्त में....

हमें विश्वास है कि प्रस्तुत पुस्तक में विद्यार्थी जीवन में मानसिक विकास एवं शारीरिक स्वास्थ्य संबंधी आपकी जिज्ञासाओं का समाधान करने में सहायक सिद्ध हुई होगी। विद्यार्थी जीवन से सम्बन्धित अन्य जिज्ञासाओं के समाधान के लिए आप हमारे यहाँ से प्रकाशित विद्यार्थी जीवन संबंधी दूसरी पुस्तक लेकर अपने ज्ञान में वृद्धि कर सकते हैं।

आत्म–विकास/व्यक्तित्व विकास

Also Available in Hindi

Also Available in Hindi

Also Avai in Kannada,

Also Available in Kannada

Also Availa in Kanna

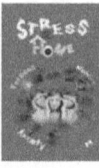

हमारी सभी पुस्तकें www.vspublishers.com पर उपलब्ध हैं

क्विज़ बुक

इंग्लिश इम्प्रूव

एक्टिविटीज़ बुक

उद्धरण/सूक्तियाँ

आत्मकथा

आई ई एल टी एस टेक सीरीज़

चिल्ड्रंस साइंस लाइब्रेरी

कम्प्यूटर्स बुक

Also available in Hindi   Also available in Hindi

हमारी सभी पुस्तकें www.vspublishers.com पर उपलब्ध हैं

छात्र विकास

लोकप्रिय विज्ञान

प्रश्नोत्तरी की पुस्तकें

ड्राइंग बुक्स

चिल्ड्रंस एंसाइक्लोपीडिया

हमारी सभी पुस्तकें www.vspublishers.com पर उपलब्ध हैं

हिन्दी साहित्य

कथा एवं कहानियाँ

All Books Fully Coloured

संगीत/रहस्य/जादू एवं तथ्य

बच्चों की कहानियाँ

बाँग्ला भाषा की पुस्तकें

    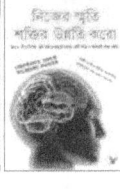

हमारी सभी पुस्तकें www.vspublishers.com पर उपलब्ध हैं

माता–पिता विषयक/बाल–विकास

परिवार एवं कुटुम्ब

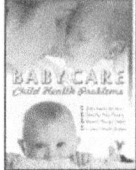

पाक–कला/खान पान

Also available in H

घर की देखभाल

सौंदर्य की देखभाल

क्लासिक सीरीज

हमारी सभी पुस्तकें www.vspublishers.com पर उपलब्ध हैं

www.ingramcontent.com/pod-product-compliance
Lightning Source LLC
LaVergne TN
LVHW051159080426
835508LV00021B/2699

* 9 7 8 9 3 5 0 5 7 7 0 6 6 *